JN319851

お前ならできる

小倉全由

NICHIBUN
BUNKO

文庫版まえがき

二〇一一年（平成二十三）の夏の甲子園で全国制覇を成し遂げてから三年が過ぎた。その間、いろいろなことを教えられた三年であった。

翌二〇一二年夏、その次の二〇一三年夏と連続して甲子園に出場したが、その二回とも初戦で敗退してしまった。優勝した翌年から二年続けて初戦敗退という悔しさを味わって、あらためて野球の難しさ、勝つことの厳しさを実感した。

試合に勝って優勝することだけがすべてではないが、甲子園に行ったからには勝ちたい、優勝したいという気持ちはどんな監督にもある。また一からスタート。さらなる練習を重ねて、もっと強いチームを作らなければと強く心に誓ったものである。

昨年の十二月に左足の半月板《はんげつばん》を傷《いた》めて手術をしたことも私を成長させた。

半月板は、膝《しつ》関節の大腿骨《だいたいこつ》と脛骨《けいこつ》の間にあるクッションのような役割を果たす軟骨組織である。膝《ひざ》を強く打ったり、ねじったりするときに傷めやすく、運動中に発症することの多いケガで、年をとるにつれてもろくなっていく。

一か月ほど松葉づえの世話になるはめになり、その間、当然満足のいく指導はできない。言葉で教えるしかなかったのだが、身体《からだ》が自由に動かないということが、こんなにつらいものなのかと、なんとも情けない気持ちになった。

と同時に、以前にも増して選手たちの健康を気遣い、練習によるケガや事故がないようにいっそう注意を払うようになり、彼らの気持ちも理解できるようになったと思う。

思えば、いまから三十四年前に関東一高野球部の監督になったとき、まだ二十四歳の青二才だった。高校野球の指導者の誰よりも若輩で未熟な監督として、尊敬し目標にしてきた先輩の監督さんたちと競い合いながら、ともに戦ってきた。その私も今年で五十八歳。諸先輩の多くが現役を退き、私もベテランの域に差しかかっている。

甲子園でそれなりの成績を残し、もう引退してもいい年齢なのだけれど、ありがたいことに「小倉《おぐら》監督のもとで野球をやりたい」「甲子園を目指したい」と野球部のドアを叩《たた》いてくる新入生がたくさんいる。

必要とされている限り、また自分自身「やりきった」という気持ちになるまでグラウンドに立つ決心だが、その私の心の支えになっているのが、野球部を巣立っていったＯＢたちである。彼らが卒業して立派な社会人となって、幸せな家庭を築き、またグラウンドに帰ってきてくれる。「頑張ってるか」「無理すんなよ」などと後輩たちを励ましてくれる。指導者として、こんなにうれしいことはない。何物にも代えがたい私の財産である。

今年もまた甲子園の熱い戦いの季節がやってくる。夏の大会が近づいてくると、「負けたら終わり」の決戦を前にして、私の監督としての闘争心にスイッチが入り、炎のような熱情が沸《わ》き立ってくる。何度この季節を迎えても、この心の昂《たか》ぶりは静めることはできない。

「絶対に勝つ。勝って全国四千校の頂点に立つ」

勝利への強い思いを胸に、グラウンドで選手たちと汗まみれになっている毎日である。

小倉全由《まさよし》

二〇一五年六月吉日

序章

甲子園という舞台で力を発揮するには

◎プレッシャーを楽しみ勝負に臨む

二〇一一年（平成二十三）八月二十日の夏の甲子園決勝戦は、私の三十年余りの監督生活の中でも忘れられない、感慨深いゲームになりました。

吉永《よしなが》健《けん》太朗《たろう》が青森・光星《こうせい》学院の最後の打者を三振で打ち取って優勝を決めた瞬間、跳び上がりたいほどうれしかったですね。まさか本当に跳び上がるわけにはいかないので、握りしめていたタオルをさらにグッと握って喜びを噛《か》みしめていました。

好きな野球の監督をやらせてもらって、そして甲子園で優勝する。このときほど自分は幸せな男だと思ったことはありませんでしたね。それに絶対に優勝するんだという強い気持ちで臨んでいましたし、それが実現したのですから、こんなにうれしいことはありません。

二〇〇一年（平成十三）の夏の甲子園でも優勝しているんですが、そのときのチームは優勝候補にまったくあがっていなかった。もっともそれなりに力はあったんです。その年の春の選抜大会では二回戦で敗退したんですが、選手には「夏は優勝を狙《ねら》えるぞ」くらいは言って、やる気をなくさないようにしていた。私も夏までに鍛えれば大丈夫と、そこそこの自信がありました。

しかし、周囲は勝ってもベスト8の成績というくらいの評価だったんです。

自分の中でだけ、優勝ってどんなものかなあという、優勝に対する自分の夢みたいな思いを抱いていたわけです。つまり、勝って優勝したいなあ、と漠然とした気持ちで試合に臨んだ、その結果が優勝ということでしたから。終わってみて、あれっ、優勝ってこんなものなのかと。

だから、変な話ですが、優勝の感激ってどんなものかわからなかったんですよね。選手が校歌を歌っているのを聞いていたときも、なんか、負けていないだけだなあ、というぐらいの感慨でした。アルプス応援席に挨拶《あいさつ》に行ったあと、監督の優勝インタビューで、「選手たちはよく練習している」「練習の成果の賜物《たまもの》ですね」などと言われたとき、頑張った選手のこと、厳しい練習のことが思い浮かんできて、そこで初めてジワッと涙が出てきた。その場ではとくに言葉が浮かばず、「素晴らしい選手たちです」などと答えたんですが、あのときは感激というか、優勝ってこんなもんなんだなあと。実感が湧《わ》きませんでした。

その点、二〇一一年の優勝は違いました。この年のチームは初めから優勝候補と評価され、春の大会でも優勝候補と注目されていたのですが、準決勝で力を出し切れなくて負けたんです。でも、選手には「力を出し切れなかったけどベスト4だよな。ベスト4はすごいけど何となく終わったベスト4だよな。夏は力を出し切れば絶対優勝できるよ」と励ましたんです。自分でも、このチームは優勝できると思って試合に臨んでいました。

二〇〇一年に優勝したときに、記者の方から「次の目標は何ですか？」と聞かれたんですが、そのとき、「もちろん、次の年も全国優勝することですが、監督として試合に勝たせなければいけないんだという、プレッシャーを感じて采配を振る監督になりたい」と答えたことがあります。

二〇一一年は、世間から優勝候補と言われるチームを率いていたわけです。もちろんそのプレッシャーを感じる感じないは自分だけのものなんですけど、私としては、このチームを絶対勝たせなければダメなんだ、優勝できるチームなんだという、強い信念のようなプレッシャーを感じながら大会に臨んで優勝したので、自分の中に快い充実感があります。その満足感やうれしさ。それが二〇〇一年との違いです。プレッシャーの中で采配を振るというのは、自分自身の心に決めたものでした。

プレッシャーの大きい小さいは、その試合によって違うのですが、じつはいちばん

「好きな野球の監督をやらせてもらって、そして甲子園で優勝する」

大きいのは西東京大会です。負ければ甲子園に行けないわけですから絶対に落とすわけにはいかない。とくに前の年に負けているので、プレッシャーはすごかった。前の年も、甲子園に出ていれば、優勝はともかく必ず上位に行けるチームのはずだったんです。それを勝たせることができなかったので、西東京大会は何が何でも勝つという気持ちでした。

ふつうは監督がプレッシャーを感じていると、選手はそれがまたプレッシャーになってしまって、思うようにプレーができなくなるんですが、うちの選手にはそれがなかったのでしょう。しっかりと力を出し切って勝ち、いい形で甲子園に行けましたから。

◎「甲子園には毎回出場」という気持ちが大事

勝負事の宿命でしょうか、負けたチームに対する評価というのはすぐに忘れられてしまいます。たとえば、相手に十点取られても九点取り返してあと一点差に迫って負けたチームに対して、そのときは「あのチーム、粘りがあったよな」と言います。でもそのときだけなんです。時間がたってから振り返ると、負けたという結果しか残っていない。あのチームもなかなか頑張ったよなって、なかなか言われない。どんなに素晴らしい試合をしても、甲子園の前で敗れてはダメなんです。

だから思うんです。日大三高の監督をやって十九年目。甲子園に十四回出ましたが、私の中ではまだまだ少ない。春夏合わせて三十七回、甲子園に出るチャンスがあったということですから、すべてに出たかったし、これからも毎回出ることが目標です。毎回出て、選手たちに甲子園に出てよかった、そして三高で野球をやってよかったという、このふたつの思いを絶対させてあげたい。高校野球は甲子園を目標にしてみんな頑張っているんだから、連れて行かなければならないんです。春夏の二回は大変ですが、どちらかは連れて行かないと監督失格だというくらいの気持ちでないといけないと思うんです。

連れて行くといっても、「おれがお前たちを甲子園に連れて行くんだ」という態度では自分の気持ちだけが空回りして、選手たちはなかなかついてきません。「お前たちは絶対甲子園に行かなきゃダメだよ。自分が必死に頑張って行かなきゃ。おれも一生懸命やるから」という言い方をします。すると選手たちに、監督に連れて行ってもらうのではなく、逆に監督を自分たちの野球で連れて行くんだという自主性が生まれ、厳しい練習にも耐えてレベルが上がっていくんです。

選手たちは「監督を男にする」とよく言うんですが、この言葉は選手たちの意欲をしっかりと表しています。「絶対甲子園に連れて行かなければならない」という私の思いに対する反応なのでしょう。

そうは言っても、野球だから勝ち負けがあるのは仕方がありません。その中でみんな甲子園を目指して頑張っているし、とくにベスト8やベスト4でいつも涙を流している監督さんのほうが私より情熱があります。だから私は本当に幸せな監督だと思います。甲子園で優勝している監督はたくさんいますが、二度も優勝できたということはまさに監督冥利《みょうり》に尽きると言えます。

三高には練習設備など優れた野球環境が整っており、それを任されていることも大きな力でした。私の指導だけではとうてい優勝などできなかったでしょう。三高という恵まれた環境の中で監督をやらせてもらっている小倉《おぐら》という男が、その環境を活用することで優勝できたのだと思います。

◎お前ならできる——目次

親子のように触れ合う合宿生活

愛情と信頼がチームを育てる

選手の親とどう向き合うか

第二章　才能を育てる

選手を「やる気」にさせる指導法

自主性を持たせて成長させる

「心を育てる」教え方

第三章　逆境から学ぶ

第四章　人として一流であれ

我慢する心と思いやる心

責任を持たせれば人はぐんぐん成長する

取材・編集協力／中村三郎　渡邉和彦
本文写真撮影／スタジオ千島（P11、107、151、182、195、203）
平塚修二（P6、37、65、96、103、119、175）
関　仁志（P53）
大森真司（P135）
朝日新聞社（P79）

第一章 チームをつくる

打ち勝つ野球を目指して

◎野球は点を取らなくては勝てない

野球には「点をやらなければ負けない」と「点を取らなければ勝てない」というふたつの考え方があります。つまり、守り勝つ野球と打ち勝つ野球です。日大三高は打ち勝つ野球なので、「強打の三高」と呼ばれていますが、私が監督に就任する前は、守り勝つ野球が信条のチームでした。

私が選手として三高にいた頃、右バッターはワンアウト・ランナー二塁では、セカンドゴロを狙《ねら》うように指示されていました。右方向のセカンドにゴロを打てばランナーが三塁まで進むことができ、得点のチャンスが高まるというわけです。だから、ランナーが二塁の場面で、セカンドゴロを打つと、「ナイスバッティング」とほめられました。

この戦略は三高だけでなく、当時はどこの学校でも使っていましたが、ツーアウト・ランナー三塁になっても、点は入らないんです。三塁までランナーを送っておけばピッチャーの暴投もあるだろう、キャッチャーの後逸もあるだろう、と考えるのですが、レベルの高いチームはそんなヘマはまずしないし、他力本願では点は取れないんです。だったらライトオーバーでもレフトオーバーでも一発長打を打ってくれたほうが監督としてはうれしいし、あとの展開が楽なんです。それをレフトオーバーのヒットを打つと、「そんなバッティングは期待してない。セカンドゴロでいいんだ」と怒られる。だから、小さくまとまったプレーに、「何が楽しくてやってるんだ」と、監督の指示に従いながらも不満を感じていました。

ですから私は、監督に就任して、すぐバッティングの改造を始めました。その改造で、とにかく練習させたのは、「打てるボールを積極的に打て」ということでした。

確実にセカンドゴロを打つとなると、バッターは決まったアウトコースの狭いポイントでしかピッチャーのボールを待てないんです。そうすると、真ん中からやや中寄りの一番打ちやすいボールまで見送ってしまうし手が出ない。いいピッチャーに外に変化球を投げられると、ストライクからボールになる球を追いかけて空振りしてしまう。私がいた頃の三高はそんな野球になっていたんです。

そこで打てるゾーンを広く持たせて、打てるボールなら、真ん中から中寄りでも外のボールでも積極的に打つようにと教えたら、それがレフトオーバーにもなるし、三塁線を抜けるヒットにもなったんです。

打てるボールを積極的に打たせることによって、力強いバッティングができるようになりました。そうすると、選手もバッティングが楽しくなって、どんどん練習に励みます。積極性が災いして、試合では初球から打って出て凡打になることもありますが、そんなときは、「何で初球から打つんだ」と文句を言いたくなることもありますが、そこは我慢です。

この「打てるボールを積極的に打つ」という指導は、関東一高の監督時代に見た選手のバッティングがきっかけです。

関東一高には、あまり野球を教わっていない荒削りの選手が多かったんですが、その選手が練習で軽くホームランを打つんです。三高では、ホームランが出にくい広いグラウンドだったとはいえ、あまりホームランを見たことがなかった。その関東一高選手の思い切りのいいバッティングを見て、「あれ?」と思ったんです。三高のようなトップレベルの技術を教わっていないにもかかわらず、関東一高の選手のほうが打つじゃないかと、カルチャーショックを受けました。

三高は、一回から九回までの総合的な野球で、終わったときは一点差で勝つという地味な試合ではあるんですが、その三高に関東一高が勝てるかというと、足元にもおよばないくらい力の差がある。でも、みんな楽しそうにバットを振ってるんです。

三高の消極的でつまらないバッティングに不満を持ってましたから、バッティングとはこういうものだと、関東一高の選手の打撃を三高に採り入れ、それを伸ばすことにしたんです。

◎自分のスイングができればどんな球にも対応できる

私のバッティング改造に、「三高が受け継いできた伝統の野球ではない」と反対するOBもいましたが、自分を信じて、選手に「もっと強く振れ。もっと強く」と言い続けてきました。何度も言いますが、野球は打たなければ勝てません。コールドだろうが、一点差だろうが、負けは負けですから。

打撃力を高めるには、まずボールを打ち返せるだけのバッティングをつくることが大事です。自分のスイングをつくっていく。これが基本です。百五十キロのボールを打って目を慣らしていく教え方をする監督さんもいますが、それだと出会い頭のボールを打つバッティングで、自分のしっかりしたバッティングになりません。

たまにはボールにバットが当たって百五十キロの球も打ち返せるということがあるかもしれない。しかし、そうではなくて、緩くて簡単なボールを自分の正しいスイングで打ち返す。その繰り返しでバッティングをつくっていくことが大事なんです。

関東一高で監督を始めた三年目くらいに、学校の理事長から法政大学野球部で監督をされていた五明《ごみょう》公男《きみお》さんを紹介されたんです。〝怪物〟の異名をとった元巨人の江《え》川《がわ》卓《すぐる》さんも指導された名監督です。

そのとき、五明監督に質問したんです。

「法政に江川君という速球投手がいるわけですが、もし相手チームに江川投手がいたとしたら、どう攻略しますか？」

すると、五明監督は、こう答えました。

「まず自分のしっかりとしたスイングをつくったうえで江川の百四十キロ以上のスピードボールに対応しなければいけない。それをただ百四十キロ、百五十キロのボールを出すマシンで練習しても行き当たりばったりで、自分のスイングの形にはなりません」

ピッチャーマウンドからホームベースまでは約十八メートルです。それまではピッチャーを十六メートルの位置から投げさせて速いボールを打つ練習をしていたことを伝えると、五明監督は言いました。

「そんな前からボールを投げたって、十球投げてストライクが十球入るかというと入りませんね。じゃそれで何球バットに当たるんだというと、なかなか当たりませんね。

それだったら当たるボールを百パーセントしっかりと打ち返して、自分のスイングをつくったほうが早道です」

この五明監督の考えに「なるほど」と得心し、緩くて簡単なボールを打ち返す練習を選手に徹底させたんです。

「緩いボールを打つ練習で速いボールを打つことができるんですか？」と、よく質問されるんですが、緩いボールを打って自分のスイングをつくれば速いボールにも対応できます。速いボールに目を慣らせば打てるようになるんです。

「自分なりのスイングをつくって、そのうえで甘いボールを打て」と、選手に指導しているんですが、すると、「甘いボールを打ってばかりだと、ツーストライクに追い込まれて際どいボールが来たら三振するんじゃないですか？」とも質問してきます。でも、しっかりとしたスイングができるということはしっかりとした形でボールを待てるので、ストライクとボールの見極めができるんです。あとはツーストライクを取られたら、バッターは絶対に三振したくないので、くさいボールには手を出していきます。だから、そのときただ手を出すのか、自分のスイングで出していくのかの違いがある。

そこでスイングがしっかりしていれば見極めもできるし、打っていってヒットになることもある。ファウルになって次に甘いボールが来て、それを打つということもあります。

自分のスイングが固まったら、速いボールも打たせます。相手が百五十キロを出す速球ピッチャーなら、今はマシンが発達しているので百五十キロのボールに設定して、振って当たらなくてもいいから目で追いかける、スピードの感覚だけでも押さえるようにと指導しています。

これまでの高校野球の歴史の中で、横浜高校の松坂大輔君《まつざかだいすけ》（現福岡ソフトバンクホークス）以上の速球ピッチャーはいないと、私は思っています。私は三十年もの間、監督として高校球児を観察してきましたが、バットがボールに当たらないと思わされたピッチャーは彼だけなんです。

松坂君とは練習試合で三回対戦させてもらったんですが、一回は打てました。でも、三年の夏の大会前は完璧《かんぺき》にやられて手も足も出ませんでした。とくに彼のスライダーはなかなか当たらない。その感覚があるので、選手たちにこう教えていました。

「いくらいいピッチャーだからといって高校野球で松坂のように打てないピッチャーはまずいない。とくに右ピッチャーにはいない。すると左ピッチャーを打つことを考えないといけない。しかし、左ピッチャーで百三十キロのボールを右バッターのインローに投げられたら、これは打てないよね。でも、インローにはボールは来ないから、高校野球の場合は甘いボールを打てばいいんだよ」

その甘いボールをファーストストライク、セカンドストライクで打つ勇気をつけさせればいいんです。だから、一球目から振って凡打したからといって、「なんで一球目から手を出すんだ」などと言うのは禁句です。確かに監督としては凡打は痛いですが、教えた通りの甘いボールを振ったうえでの結果です。それを怒ってしまったら、選手は臆病《おくびょう》になってバットを振らなくなってしまいます。そんなときは、腹が立っても「今のは手を出すボールじゃないぞ」くらいに止めておきます。バットを振ったということを評価しないといけないので、凡打しても選手にあまりうるさいことは言いません。

三振についても、空振り三振は仕方ないですが、見逃し三振は叱《しか》ります。振らないと結果が出ないわけですから。自分のスイングで空振り三振しても、それは次のバッティングにつながるので、振っていく勇気を称《たた》えてあげなければなりません。

打撃力は守備力から生まれる

◎10－0で勝つのが理想のゲーム

私が目指すのは10－0で勝つ野球です。二〇一一年夏の甲子園の光星学院との決勝戦では11－0で勝ちましたが、この決勝戦のように無失策で守り、打って打ちまくって勝つ、それが野球の醍醐《だいごみ》味を楽しめる理想の試合だと思っています。

野球というスポーツは、打たないと勝てない。打たないと面白くないという気持ちが強いんです。それから、1－0で負けようが10－0で負けようが、負けは全部同じだと思うんです。勝ちだって、一点差で勝とうが十点差で勝とうが同じ勝ちです。労力からいうと1－0のほうが楽なのかもしれませんが、負けは負け、勝ちは勝ちだったら思い切ってやりたい。野球は攻撃と守備に分かれているわけですから、攻撃は最大限に点を取って、守備はゼロに近くするということにすればいい。せっかく攻撃があるのに、なんで最少得点にして守り切るのがいいのかわからない。野球には各回に表裏があるんですから。

まず守備は〇点が目標です。〇点で抑えたあとは攻撃なんだから、取れるだけ点を取って楽をしようというのが私の考え方です。七回八回九回で一点差はきつい。だから取れるときに点を取って余裕があれば、七、八、九回でエラーも出にくいし、いい循環で回るんじゃないかと思うんです。

自分ではそれほど無茶なことを言っているとは思わないんですが、他の監督さんには理解していただけないらしく、そういう発想にはならないと言うんです。いいピッチャーがいるときは守備を固めれば勝てるから守備練習を多くするという監督さんが多い。

私の場合は逆に、ピッチャーがいいんだからバッティングで五点以上取れるチームにすれば百パーセント負けないと思うんですが、いや、バッティングを教えるのは難しいと言い返されてしまう。

一点を取って守り抜く野球ということはよく言われていますよね。でも、私はダメですね。一点を取ったら二点目、早く五点を取ってしまえ、という考えです。本当なら守り抜く野球に、点を取れる野球を絡めれば絶対負けないチームができるはずなのに、そういう考えが私にはあまりないみたいで。私のほうが間違っているのではないかとも思うんですが、だからといってバッティングばかり練習しているわけではありません。守備練習もしっかりやるし、その中で点を取れる打線をつくる努力をしている。守備が基本であるという意識は当然あります。

実際、三高が甲子園に行くときは、ピッチャーが良くて守備力があるときなんです。でも三高というと、バッティングのほうが注目されてしまって、守備の堅さを評価してもらえないんです。

◎強さを生み出す三高独特の明るい練習

「打撃の三高」と言われているように練習は打撃に重点を置いていると思われているようですが、守備練習もしっかりとやっているので、見学に訪れる他校の監督さんは、守備練習を見ると、その練習量の多さに目を丸くして驚かれます。

やはり打撃力と守備力のバランスが大事なわけで、いくら打っても守りができていなければ勝てません。私には守りのミスで点を取られてもいいという感覚はないんです。ヒットを打たれて点を取られるのは仕方がない。しかしエラーやミスで点をあげちゃダメ。失点を最小限に止めておかないと勝てない。だから守備練習も重要になる。そして、点を取られたら取り返す。

もちろん、打撃の練習量も多くしていますが、守備と打撃の練習量の比率はだいたい同じです。まずウォーミングアップから始めて、次にキャッチボールをし、それか

「守備練習に重苦しさはちっともありません」

ら守備練習に入るのが基本で、ピッチャーが投げたあとのフォーメーション（選手の守備位置の組み立て）の練習をする投内（投手と内野手）連携プレーも入れて、試合と同じような雰囲気でピッチャーにはバント練習から全部やらせます。だいたい二時間くらいの守備練習でしょうか。見学に来ている監督さんから「スタートから、こんなに守備練習をするんですか？」と聞かれるんですが、キャッチボールをして肩がほぐれてきているので、そのまま守備練習に入るのが効果的なのです。

その練習で、ノックを受ける選手が守備位置から私を「カントクさ～ん」と呼んでボールを要求するんです。それを見て、「えっ！　監督を〝さん〟付けで呼ぶんですか？」と、みんなビックリしますね。よその高校ではどう呼んでいるのか知りませんが、コーチに対しても、「ミキさ～ん、シラクボさ～ん」という具合に、苗字《みょうじ》で呼ぶので、不思議に感じるようです。親しみがあって、私は気に入っています。

守備練習というのは、打撃練習からすればどうしても陰になるというか、暗い感じがありますよね。でも、守備だからと暗くなってはダメだし、受身になってはいけない。自分のほうからどんどん出て行くことが大切です。私やコーチに対する呼び方も、明るい雰囲気をつくっていて、だから守備練習に重苦しさはちっともありません。これも三高独特の練習風景でしょうか。

◎箸を使うがごとく自然にボールをさばけるまで反復練習

「ファインプレーはそう簡単にできることではないんだ。自分の両手の範囲に入ったボールを百パーセントアウトにしてくれればいいんだ」

守備練習で私がいつも口にしている言葉です。手に届きそうもないボールに飛びついてキャッチする姿は確かにかっこいいわけですが、そんなファインプレーが毎度毎度できるかといったらそうではない。だから自分の体の中に入ったボールを確実にアウトにしてくれればOKなんです。

それから、野球は筋書きのないドラマと言われるように、アクシデントが付き物なのでエラーしたからといって落ち込んでもらっても困るよ、エラーが出て当たり前のスポーツなんだから、絶対にズルズルと引きずらないようにとも伝えています。

あとは、スローイングミスをしないことと、間に合わないところに投げないこと。これだけしっかりとやってくれれば、そんなに点を取られることはありません。守備に関しても、ミスやエラーで点を取られていいという気持ちはないとは言いましたが、ただ闇雲《やみくも》に○点だ○点だと強調するわけではなく、取られてしまったら取り返せばいいじゃないか、というスタンスを心がけています。

技術面では、やはりスローイングと捕球の基本姿勢です。それから守備の形をつくっていくんですが、その守備づくりを徹底的にやらせます。派手さがないからなかなか気が入らないのですが、反復練習は大事です。とくに冬場はグラウンドも凍っていて寒いので、ジャンパーを着て暖かい格好で練習します。

私やコーチが手でボールを転がして、その何でもないボールを百パーセント同じ体勢で捕球できるまで何回も何回も繰り返します。同じ体勢での捕球を何回も繰り返して、スローイングにしても、捕ってから小さく腰を左にねじって投げたり、捕って反対方向の右に投げたり、いろんなパターンをやらせるんです。

そういう練習は根気がいるので選手も大変です。打撃練習だとカーンと打ったら華やかさがその場に出て楽しいですが、守備練習はひたすら辛抱です。雨が降ったりしてグラウンドで練習できないときは、その同じ練習を室内練習場で二時間でも三時間でもやります。

ボールを転がしながら、「グラブの位置が違うよ、もっと右に、もう少し左に、グラブをしっかりボールに向けて、いまのはいいよ」と、ボールを転がした数だけ声をかけながら練習させます。そのコツコツとやる練習の中で、選手のほうも、「これだ」というフォームをつかむんです。

打撃練習もコツコツと努力する部分はあるんですが、それ以上に守備練習は根気よくコツコツと、捕球姿勢からスローイングまでの流れをずっと同じにできるまで続ける。打撃も守備もそうなんですが、ご飯を食べるときに箸《はし》を使うように当たり前にやりなさい、とよく言うんです。箸を使うときにいちいち、口まで最短距離で運ぶとか、どこに口があるのか、なんて誰も思わない。子どもの頃から何回口に運んだのか、などと考えない。だから無意識に体が動くまで練習しなければダメだと教えています。

チームの合言葉「練習は嘘をつかない」

◎「できたこと」をほめ、繰り返させることでフォームをつくる

これは私の座右の銘にもなっているのですが、三高野球部の合言葉は「練習は嘘《うそ》をつかない」です。

この言葉は関東一高時代の監督一年目の秋でしたでしょうか、新聞で、ある女性ピアニストの、「毎日指を動かしていないとピアノは弾けない、練習は嘘をつかない」という言葉を紹介している記事を目にしたんです。その記事を読んで、これだっ、と膝《ひざ》を打ちましたね。練習は嘘をつかないというのは決して難しいことではなく、日々努力すれば、その成果が間違いなく自分に返ってくるんだと。だから、この言葉が大好きです。これは自己責任じゃないですか。練習をやったら自分が上手《うま》くなる。やらなければ下手《へた》で終わる。

選手たちも「練習は嘘をつかない」をモットーにして練習に励んでいますが、努力して練習してもレギュラーになれなかった、何だよ監督って思う選手もいるかもしれません。しかし、今年の大会は残念ながらレギュラーになれなかったけれど、来年に

つながるかもしれないし、たとえレギュラーになれずに三年間が終わったとしても、では努力が無駄になるかというとそうではありません。長い自分の人生の中で、努力したことがプラスになって返ってくることが必ずあります。そのとき初めて、高校時代の努力が人生に活《い》きたと実感するんです。

努力しても監督が評価してくれない、頑張っても結果が出ない、そう思っても、努力する。野球で結果が出なかったからといって、絶対に努力することをやめてはいけない。努力はいつか返ってくるから、それを信じてやらなければいけない。やり切らなければダメなんです。やり切って初めて次のステップに行けるんです。

一生懸命努力する。自分を出し切ってやることが大事で、それがいずれは自分のためになるんだと、ことあるごとに選手たちに言っています。

高校野球は、春にしろ夏にしろ勝ち抜いていくトーナメント戦ですから、一度でも負けたらそこで終わりです。

甲子園の大会ともなれば大観衆の声援もあるし、テレビ中継も入ります。当然、その緊張感はかなりのものだし、精神的な部分に非常に左右されやすい。たとえば先に点を取られると、早く追いつかなければと焦りが生じ、プレーがバタバタしてしまう。優勝候補にあげられるほどの力を持つチームがあっさりと負けてしまうことがよくありますが、それは落ち着いたプレーができていないためです。

プレッシャーに打ち勝ち、試合で百パーセントの力を出し切るには、自信を持つことです。あれほど頑張って練習してきたんだから負けるはずがない、という確固たる自信です。そのためには、内容の濃い、充実した練習が不可欠で、たとえばピッチャーのフィールディングが下手なら、上手になるまで何回も繰り返し練習するということです。

バッティングでは、素振りのあとにグラウンドで実践練習をさせるんですが、数十回に一回くらいは素晴らしいスイングをするんです。そのとき、「いまのはナイスバッティングだぞ。そのスイングをもう一回やってみろ」と言います。すると選手はうれしくなって、次はもっといいバッティングをしようと頑張るんです。監督にほめられて、「もう一本同じように打ってみな」と言われると、選手もいまどうやって振ったのかなと考えるわけです。

そういうふうに声をかけてやると、選手たちも俄然《がぜん》意欲が湧《わ》いてきて、目の色が変わってきます。それでもう一回いいバッティングができたら、「それだよ。その感覚を忘れるなよ」と言ってあげる。だから、同じバッティングができるまで振らせます。

ピッチャーが投げてくるボールにもう一回同じバッティングをするのは難しいので、

比較的打ちやすいマシンのボールで練習させるんですが、同じボールを打たせてダメだったら、「ここが悪いよな。そこをもう少し気をつけて打ってみな」とか、ちゃんと打てたら、「それだよそれ。わかんないかもしれないけど、ヘッドが軽く抜けたって感じだぞ」というふうに声をかけて、常に選手たちの気力を失わせないことが大事です。

そうすると、選手たちはただ漠然と振っているのではなく、振っていくという積極的な気持ちになる。だから、練習をやらされているのではなく、選手に声をかけて、自然と自分から意欲を持ってやるという雰囲気にさせることを意識して指導しています。

私が高校生の頃は、監督がバッティングゲージの後ろで、「もっと右を狙《ねら》え」とか「フライを上げるんじゃない」とか、やかましいことしか言わなかった。私は力のあるフライなら大いに結構だと思っています。だから、選手がバッターボックスに立ってマシンを相手にバッティング練習をするとき、一番に教える基本は、レフトスタンドにホームランを打たせることなんです。

最初、ほとんどの打球はスタンドに入らないフライになってしまうんですが、スイングをしているうちに、何本かスタンドに入るようになる。いいスイングでないとホームランは打てませんから、ホームランを打ったら、そのスイングを意識して打てるようになるまで打たせる。すると、バッティングに対する取り組み方が変わってきて、いままでフライだったのがホームランになるスイングができるようになるんです。

バッティングの取り組み方も、選手によって違います。身長や体重など体型がそれぞれ違いますから、その選手の体型に合わせたバッティングやそのタイミングの取り方を教えます。みんな同じようにはしません。ただ、それを最初から押し付けるのではなく、バッティング練習を見ている中で、ベストなフォームができたときにそこを伸ばす。

練習を重ねていくと、自然と自分に一番いいバットの位置などができてくる。それをマシンを使ったりティーバッティングをこなしていき、「いまのだ。いまのがいいぞ。もう一回やるぞ」と伝えながらフォームをつくっていくんです。

周りから私の野球理論をよく聞かれるんですが、私にはちゃんとした理論というものなどないような気がします。理論どうこうというよりも、練習を通して、自分の野球に対する感覚を選手たちにつかんでもらうということなんです。

選手は、バッティングフォームでバットは肩の何センチ前に構えるだとか、ピッチャーのステップの幅は何センチだとか、何もわからないと思います。私の感覚になららって練習したら、その形になっている。その形にはなっているけど、でもどうしてそうなったのか、選手にはよく説明できないんじゃないでしょうか。練習の流れの中で、私が言った形に選手はどれだけ近づいていけるか。別に難しいことをしているわけではなく、もう一本打ってやろう、という向上心の積み重ねなんです。

◎試合に集中するのは人生八十年のうちたった二時間

「練習は嘘をつかない」が、その言葉通りに成果を発揮してくれた試合は多くありますが、一九九八年（平成十）の秋の東京大会で東海大菅生《すがお》高と対戦したゲームも、記憶に残るひとつです。序盤戦で大量点を取られ、七回に一点差まで追い込んだんですが、八回にまた三点を取られて突き放されるというゲーム展開で、いつもあきらめるなと言っていた私もこのときばかりは「負けだな」と腹をくくったんです。ところが八回の裏の攻撃で、「おれたち人一倍練習したんだから、自分を信じろよ」という言葉が自然と選手たちから出た。そうしたら打つわ、打つわ。最終的に九回サヨナラホームランで逆転勝ちしたんですが、本当にうれしかったですね。

これは座右の銘ではありませんが、「人生八十年で二時間集中すればいい」という私が創作した好きな言葉もあります。二〇〇一年（平成十三）の夏の甲子園で優勝したときに、ミーティングで盛んに使った言葉です。

下世話な話なんですが、甲子園出場校の西東京代表に決まったとき、兄が甲子園の暑さに負けないスタミナをつけろということで、西東京大会優勝のお祝いを兼ねて、私とコーチを新宿の焼肉店に連れて行ってくれたんです。そして、その店で腹いっぱいご馳走《ちそう》になって、帰りにコーチと歌舞伎町《かぶきちょう》の街を歩いていると、呼び込みのボーイさんが近寄ってきて、「人生八十年、お客さん、一時間私にください」と言ったんです。

その言葉がすっかり気に入って、その店に行って飲んで帰ってきたんですが、次の朝、早速ボーイさんの言葉を選手の前で使いました。彼の言う一時間を二時間に置き換え、「いいか、人生八十年として、そのたったの二時間を試合に集中すればいいんだ。そう思えば野球なんて簡単だよなあ。野球なんてそれぐらいの気持ちでいいんだよ」と伝えたんです。甲子園の決勝戦が終わるまで選手に言い続けたんですが、この言葉に選手たちはリラックスしたんでしょうか。のびのびした野球で優勝を勝ち取ることができたんです。

試合のあとで、新宿のボーイさんが呼び込みで使っていた言葉をアレンジしたものだと選手に打ち明けると、みんな「ホントですかあ？」と驚いてましたが、いまでも試合の前のミーティングで使っています。

選手を急成長させる冬の強化合宿

◎監督も一緒に走るから目標に向かう気持ちが起きる

どこの高校もそうですが、学校が春休みや夏休みに入ると、練習の熱が一段と増します。三高の場合は、冬休み中に十五日間かけて行う「強化合宿」が一年間で一番重点を置く練習で、そのハードなメニューは、いまや日大三高の名物になっています。

一日の練習メニューは、ざっと次のように組まれています。

選手は朝の五時に起きてユニフォームに着替えて、五時半からグラウンドで十二分間走がスタートします。私も選手たちと一緒に走り、時間内で私を一周抜けなかったら、やり直しのペナルティーを課しています。私も五十歳を過ぎて、選手と走るのは体力的に厳しいのですが、やり直しで走らされると、タイムが伸びるんです。私を抜けないのは、力を出し切っていないからなんです。次の日にもう一度走らせたら、前の日の十二分間走で六周しか走れなかったのが七周走れるようになる。そうすると、今度は七周が最低の義務になって、やがて八周を目標にするようになってくる。そうやって目標を達成しようとする意思が働き、自然とスピードが身についていくんです。

朝の十二分間走が終わると、午前中は二時間半ほど短距離ダッシュや筋肉トレーニングなど、主に瞬発力を鍛える運動を行います。午後は守備練習とバッティング練習をし、夕食が済むと、深夜まで各自が素振り練習を行うという、朝から晩まで野球漬けのメニューが十五日間続くんです。

合宿も三日目あたりになると、疲労がたまって体が思うように動かなくなり、選手たちは逃げ出したくなると思いますが、つらい練習に耐えているチームメイトがいる手前、自分だけ逃げ出すわけにはいきません。

そして七、八日目の中日《なかび》に入ると、体力は限界に近くなってくるんですが、選手たちの気持ちに変化が表れてきます。苦しい、投げ出したい、という気持ちから、ここまで頑張ってきたんだから最後までやり遂げようと、しっかりと前を見据えるようになります。そして自分を叱咤《しった》しながら、選手全員が十五日間の強化合宿を乗り越えていくんです。

初日、中日、最終日と、選手たちの表情が変わっていくのが手に取るようにわかります。最終日に近づくと足も腰もボロボロなんですが、絶対に最終日を迎えるぞと目がギラギラしてくるんです。

◎練習による事故がないよう配慮するのも監督の責任

合宿も中日頃になると、一番神経を使うのは選手の病気や事故です。選手たちは疲れて注意力も落ちてきていますから、しっかりと目を配る必要があります。

合宿のハードさは、今も昔も変わらないので、私も年を取るにつれて、最悪の事態を考えるようになりました。選手が十二分間走の途中で倒れてしまったらどうしようかとか、それこそ心臓が止まったらどうしようかとか。もう少しトレーニングを加減しないととんでもない事故が起きるんじゃないだろうかと、そういう怖さを感じます。

ときどき、こんな激しい合宿など廃止しようかと思うこともありますが、でも、選手のためにやらなければならない。学校一周一キロの距離を規定時間内で走るインターバルのトレーニングがあるんですが、そのときはＡＥＤ（自動体外式除細動器）を載せたワゴン車を走らせて、万一の事態に備えています。

ＯＢの大学生が手伝いに来てくれるので、彼らにトランシーバーを持たせてチェックポイントに配置しています。そのうえで、選手を数人ごとのグループに分けて走らせるんですが、「第一班全員通過しました」という具合に、みんなで連絡を取り合って安全を確認しています。どこどこの学校では熱中症で突然死したとか、心臓麻痺《まひ》を起こして亡くなったといった事故を耳にすることが最近多くなったこともあって、選手たちの安全チェックは以前より細かくなりました。

練習に入る前に選手の点呼を取るんですが、若い頃は寝坊して遅刻すると「ちゃんと時間に起きられないのは、緊張感が足りないからだ！」と怒鳴りつけていました。それが、いまはひとりでも遅れていると、選手に迎えに行かせるんです。何かアクシデントに見舞われたのではないかと心配して待っていると、迎えに行った選手と一緒に合宿所からスパイクのヒモを結びながら慌ただしく駆けて来る。その元気な姿を見てホッとします。

そういう場面がちょくちょくあるから、ストレスがたまるし、そのストレスを和げるために、だんだん選手に対して優しくなってきましたね。それに事故が起きたときの怖さを知っていますから、絶対に事故を起こしてはいけないという注意を、若い頃よりするようになりました。

二〇一一年（平成二十三）には、サッカーの日本代表にもなった松田直樹《まつだなおき》選手が、三十四歳の若さにもかかわらず練習中に突然倒れて亡くなりました。あのような突然死は防ぎようがないのかもしれませんが、でも気をつけていれば何とか防げるということもある。防げるならば絶対に事故を出してはいけないんです。

だからコーチを見ているとうらやましいですね。練習メニューは私がつくっている

「ハードなメニューは、いまや日大三高の名物」

んですが、コーチはまだ若くてエネルギッシュですから、手加減しません。ビシビシやっているのを見ると、もういいんじゃないか、十分やったじゃないかと思ってしまうんです。

でも、そこでやめさせたら、中途半端に終わってしまって選手にやり切ったという充足感をあたえることができない。そうしたジレンマが、自分の中にすごくあります。

このような経験から、合宿が終わったときには、選手が最後まで頑張り通すことができてよかったという気持ちと同時に、とにかく事故がなくてよかったという気持ちを強く持つようになりました。

◎練習の達成感が明日につながる

合宿の期間中にクリスマスを迎えるんですが、十二月二十四日のクリスマスイブの夜、合宿所の食堂で盛大にカラオケ大会をやります。保護者や業者の人たちから監督賞とかコーチ賞とか賞品を出してもらって、みんなで夜遅くまで歌って踊ってバカ騒ぎをするんです。選手たちは身も心もヘトヘトで早く眠りたいはずなのに、誰ひとり部屋に帰りません。カラオケ大会でワーッと発散して、勢いをつけてあとの三日間を乗り切るんです。クリスマスが来た、もう少しで苦しい合宿が終わるんだと、選手たちはわかっているんです。

そして、翌日は朝の練習はやらないんですが、朝練がないということで、選手たちは、明日の朝はゆっくり寝て最後の三日間が勝負だ、と気持ちを切り替えていくんです。私も二十四日の夜に、「いいか、こんな楽しい遊びも今日だけだからな。明日からまたいい練習をやって最終日を迎えようや」と、選手たちの気持ちを引き締めます。

最終日は二時間の朝練で終了するんですが、終わった瞬間、選手たちの感激する姿は、指導している私が言うのも何ですが、何度見ても心を揺さぶられます。地面に這《は》いつくばって泣きじゃくっている選手もいれば、抱き合って号泣している選手もいる。やったあ、終わったあ！と達成感を体いっぱいに表している光景に、私も思わず涙してしまいます。

その最終日には、大学や実業団に行っているOBや選手の父兄が、合宿のフィナーレを見学するために集まってきます。そして、涙で顔をくしゃくしゃにしている選手たちにOBや父兄は大きな拍手を送ってくれるんです。なかには選手たちの真っ黒に汚れたユニフォームを見て、感極まって泣き出す父兄もいます。お母さんたちが炊き出しでつくってくれたおにぎりやうどんを、選手たちがOBや父兄と一緒に食べて最後を締めるんですが、見学に来るOBや父兄が年々多くなってきて、いまや三高野球部のイベントのようになっています。

　この合宿で、選手たちは確実に成長します。そのためには十五日間はちょうどいい日数だと思います。それ以上やったら逆に疲労のあまり体を壊してしまう。私の経験から十五日間だからできるのかな、と思います。そして、そのつらい練習の中で、飴《あめ》と鞭《むち》ではありませんが、クリスマスのカラオケ大会のような息抜きも必要なんです。厳しい練習を前向きにやるには、目の前に楽しみの目標を置いてあげないといけません。合宿のあとに八日間の休みをあげるんですが、休みがあるから頑張れる。これもひとつの大きな目標です。合宿が終われば休みなんだという、その休みが目標となるんです。楽しみなんです。

　私も長い休みというと、その正月の休みしかない。だから、「おれも家に帰れる。お前たちと一緒なんだよ。練習をやり切って、楽しい正月を迎えよう」と楽しみを分かち合います。「一年先の甲子園を目指して頑張れ」と奮い立たせても、選手たちには目標が遠すぎて実感が湧《わ》きません。だからふだんの練習でも「このトレーニングが終わったらスイカ食べるぞ」などと、目の前に楽しみを置いて気持ちを盛り上げるようにしています。

　二週間もの強化合宿は、私も肉体的に年々厳しくなっているんですが、選手にはやり切ったという達成感を味わわせてあげたいし、それが絶対に力になるんです。

関東一高監督時代の一年目からやっていますが、むかしもいまも、最終日の光景は変わりません。みんな抱き合って涙する。その達成感は、試合の中での頑張りや自信につながります。厳しいことを課しても選手とコミュニケーションを取りながらうまく引っ張ってあげれば、選手たちは達成感を味わうことができるし、我慢や踏ん張りを覚えて大きく成長するんです。

チーム内の信頼感は良き人間関係から

◎「伝統」という名の悪しきしきたりは排除しろ

関東一高の監督時代もそうでしたが、野球部の合宿所で選手たちと一緒に暮らしています。選手たちと寝食を共にすることでお互いの距離が縮まり、チームの強化につながると思ったからですが、三高就任当時の野球部には厳しい上下関係がありました。

指導を始めた何日か目の晩でした。合宿所の夕食にトンカツが出たんです。すると、まずキャプテンがトンカツにソースをかけ、それから三年生、二年生の順にかける。かけ終わると、ソースの瓶《びん》を目の前に置く。しばらくして、テーブルの端に座っていた一年生が来て、すまなそうに頭を下げる。

「ソースをお借りしてもよろしいでしょうか?」

先輩は言う。

「よし。持っていけ」

トンカツにソースをかけるだけでも、上級生にお伺《うかが》いを立てなければならない。

あまりに度が過ぎた先輩後輩関係を見かねて「なんで渡してやらないんだ」と注意

するとキャプテンが言うんです。

「これは三高の昔からの伝統です」

「そんなのは伝統じゃない」と、すぐにやめさせ、上級生下級生に関係なくソースを使って、かけ終わったら隣に順々に渡すように改めさせました。

また、ある深夜、洗濯場に行くと数人の一年生がいたんです。洗濯しているのはわかっているんですが、それにしても夜更けに洗濯というのもおかしい。理由を尋ねても、誰も答えない。洗濯機の中を覗《のぞ》くと、上級生のネームが入ったユニフォームがぐるぐる回っている。そこで上級生の洗濯をさせられていると知ったんですが、すぐに監督室に連れて行き、お菓子を食べさせながら言いました。

「これも伝統か？　こんなくだらんことはお前らの代でなくせよ。いまはつらいかもしれないが我慢しろよ」

翌朝、上級生全員を集めて、誰が一年生に洗濯を押しつけていたのかを問いただしました。しかし、誰も手を挙げない。そこで言ったんです。

「きのう、一年生は夜遅くまで洗濯してるって、おれに引っぱたかれたんだぞ。誰の洗濯をやってるんだと聞いても名前を出さなかったぞ」

実際は殴《なぐ》ってはいないんですが、すると上級生が手を挙げて名乗り出ました。上級生には「自分のことは自分でやれよ。二度とするなよ」と諭しましたが、上級生を立てながら、一年生が言いつけたというふうにならないように気をつけました。あとで、「なんで監督に告げ口したんだ」と仕返しされたり、いじめにつながりかねませんから。

室内練習場の使い方にも悪《あ》しき伝統がありました。

夕食後にマシンでバッティング練習をするんですが、そのとき、下級生がマシンにボールを入れて上級生が打つ。そして上級生は練習が終わったら、「はい、ご苦労様」と自分だけ部屋に帰って寝てしまうんです。下級生は室内に散らばったボールを集めるだけで時間がなくなり自分の練習ができませんでした。それでは練習とは言えずチームのためになりません。上級生の練習が終わったらボールを拾って、今度は下級生に打たせてあげるように、上級生が下級生を引っ張っていくことを教えました。

いままでは洗濯でもバッティング練習でも下級生が嫌な思いをすることはなく、みんな平等にやっています。

◎「いじめ」の排除は喧嘩両成敗から

厳しい上下関係は、いじめを生みます。チームにもありましたが、そのいじめに対処する私なりの方法があります。いじめを受けている選手がわかったとき、すぐにみんなの前でオープンにするんです。みんなの前で言うと、事がもっと大きくなっていじめを受けている子の立場がさらに悪くなるという意見もありますが、私の場合は選手たちの前ではっきり言いました。

「誰だ？　いじめなんかしてるのは。じゃあ自分がやられたらどうなんだ！」と、選手たちの前で叱《しか》りつけます。と同時に「男がいじめくらいで何をやってるんだ。殺されるわけじゃあるまいし、いじめられただけで好きな野球をやめるのか。そんな弱い男なのか？」と叱咤します。そして、いじめている相手がわかったら、部屋に呼んで「お前はいじめてるつもりじゃなくても、ひとつのきつい言葉だけでも、落ち込んでいる者にはそれがいじめになるんだよ。もっと大人になれよ」とやさしく諭し、いじめを受けている子には、「いつもいじめられているって言うけど、あいつにだっていいところがあると思うんだ。そこを見てやってくれよ」と説得するんです。

そういうふうに、片方だけを「お前が悪い」と咎《とが》めるのではなく、自分が仲介役になって両方を立てながら解決させています。

この喧嘩《けんか》両成敗のようないじめ対処法は、関東一高の監督時代からです。

あるとき、階段で転んで胸を打ったという一年生選手を大学病院に連れて行ったんです。治療が終わって、帰ろうとすると病院の先生が、胸の打撲《だぼく》は階段でぶつけたのではなく殴られた痕《あと》だと言う。そこで選手を問い詰めると、上級生のひとりに殴られたと相手の名前まで告げました。そのとき、その一年生が私にいじめを漏《も》らしたと悟られないようにいじめた上級生を呼んで、お互いにダメージを受けないよう穏便に解決したのですが、そのノウハウを三高に持ち込んだわけです。

私が三高に在学していた頃は、よく上級生に殴られました。当時、学校は港区の赤坂にあって、地下鉄で通っていたのですが、電車が一緒になると何のかんのイチャモンをつけられるので、乗り合わせないようにいつも逃げていました。

三高を卒業したあとですが、一年上に口うるさい嫌な先輩がいて、後に私が三高で学生コーチをしていたとき、「お前がコーチをやったって強くなるかよ」とこき下ろされたんです。その暴言を覚えていて、恥ずかしい話ですが、ある宴席で、その先輩の胸倉をつかんでぶん殴ろうとしてみんなに止められたことがありました。

そのときの恥ずかしい体験を話しながら、「先輩が後輩を殴るのも悲しいし、先輩が後輩に殴られるのも情けないよな。そんな関係だけはやめようよ」と、選手たちに説いています。高校を卒業して、先輩にいじめられた思い出しか浮かばないというのでは、こんな寂しいことはありません。だから、上級生は下級生をいたわり、下級生は上級生を尊敬する、そういう関係を築いてほしいと願っているんです。

親子のように触れ合う合宿生活

◎風呂では文字通りの裸の付き合い

　私は合宿所で選手たちと一緒に寝泊まりしているわけですが、その合宿生活でコミュニケーションの大事な場のひとつになっているのが、練習を終えたあと、私も選手たちと一緒になって入る風呂《ふろ》です。

　風呂では、その日のバッティングや守備練習の反省点などを話し合う野球談義が中心となりますが、グラウンドの緊張感と違って、和気藹々《わきあいあい》といったリラックスムードでみんな笑顔が絶えません。

　調子が悪い選手には、落ち込まないように欠点を指摘してやり、私が現役だった頃の失敗を引き合いに出すなどして気持ちを楽にさせながら自信を持たせたり。練習中に叱《しか》りつけた選手には、叱られた理由がちゃんと理解できるようにフォローしてやったり。

　人気のテレビ番組やアイドルタレントといった、いかにも高校生らしい話題も飛び出します。学校の可愛《かわい》い女子生徒と廊下などで話し込んでいるのを見つかった選手は、みんなに冷やかされ、私も一緒になって「今度、彼女を紹介してくれ」などと冗談を飛ばして大笑いして。そんなたわいのない話で、わいわい盛り上がったりもします。練習中とは正反対のくだけた私の振る舞いに、選手も安心して私と向き合えるんでしょう。

文字通り裸の付き合いをしてるんですが、これもじつは私が言い出して始めたわけではないんです。

選手が入浴しているときに監督が入ってきたら、風呂から出ないで一緒に入浴すること、監督がいろいろ野球のアドバイスをしてくれるから、風呂から上がらないで監督の話を聞くようにという、卒業生からの申し送り事項に、いつの頃からか自然と決まったことのようなんです。

私がそのことを知ったのはしばらくしてからでしたから、あるとき風呂に入ったらいささか驚きました。流し場で体を洗い、湯船に浸かろうとしたら、湯船にいっぱい選手がいるんです。もう入り切れないほど満杯で、往生していると、そこへまた新しい選手がどんどん入ってくる。そのうち体がだんだん冷えてくる。数分して私も湯船に浸かることができたんですが、そのときはよほど、「温まったら出ろ。要領が悪いぞ！」と怒鳴りつけようかと思いました。

「風呂では、みんな笑顔が絶えません」

家に帰って、この一件を妻に話したところ、監督と選手が一緒に湯船に入るのは三高の伝統になっているらしいと言う。そのことを妻は卒業生の家族から聞いていたのですが、私はそのとき初めて事情がわかったわけです。「お前ら早く出ろ！」などと叫ばなくてよかったと胸を撫《な》で下ろしました。三高にはよろしくない伝統が多々ありましたが、この風呂での監督と選手の交流は受け継がれていってもいいしきたりだと思っています。

合宿生活で、選手たちの一番の楽しみは何といっても食事ですが、その食事にも、三高伝統の作法というものがありました。食事の際は、畳の上に正座をして、背筋を伸ばして丼を高く持ち、音を立てないように静かに食べるのが決まりでした。それこそ修行僧のような食べ方なんですが、私はこの作法が精神の鍛錬にもなると思い、そのまま直しませんでした。

すると、ある日、合宿所に来た妻が無言で夕食をとっている選手たちを見て、異様な雰囲気で、全然楽しそうではないと言うんです。私は、それが昔からの三高の食事作法だと教えると、妻は「ふつう家に帰ってご飯の時間になったら、今日あった出来事とか話しながら家族と一緒に楽しく食べるでしょ。選手にとって合宿所は家と同じ。一家団欒《だんらん》の場なんだから、もっと楽しい食事にしなきゃ」と意見するんです。

「みんな練習練習で緊張しっぱなしなんだから、せめてご飯のときくらいはのんびりと食べさせてあげないと選手が可哀想《かわいそう》よ」

それを聞いて、最初は正直カチンときましたが、よく考えればその通りだと思い、次の日から食事の仕方を改めさせました。会話禁止を解いて、消していたテレビも点《つ》けさせました。余計な無駄口や悪ふざけには事前にきつく釘《くぎ》を刺しましたが、みんな楽しそうに食べるようになり、雰囲気がぐんと明るくなりましたね。

選手たちの食事が明るくなったことで、予期せぬ相乗効果もありました。練習したあとの食事が楽しくなるわけですから、その日の献立《こんだて》が気になる。当時、厨房《ちゅうぼう》で食事をつくっていた管理人さん夫婦に「今日のおかずは何ですか？」と声をかけるようになったんです。それまで食事はつまらなかったから、出される料理にも興味がなかった。食べられれば何でもよかったのが、「夕食はカツカレーがいいな」などと注文を出すようになって。管理人さんと選手の間にコミュニケーションが生まれ、管理人さんも料理のつくり甲斐《がい》が出て、どんどんメニューが充実していったんです。そのとき、食事というのがいかに大事であるか、改めてわかりましたね。

いま、合宿所では、栄養のバランスを考えた質の良い美味《おい》しい食事が供されています。その食事を選手がいつも楽しく食べられる。私は、その雰囲気づくりを何よりも一番に考えています。

◎最低限のルールさえ守れば恋愛もかまわない

合宿所は選手たちの共同生活の場ですから、みんなが迷惑するような行為はもちろん禁止ですが、あれもダメ、これもダメというわけではありません。体育会系にしては、全体的によその学校より決まりはけっこう緩いのではないかと思います。

合宿所では、食生活が乱れるという理由で、勝手に部屋でお菓子などの間食をすることは禁じられているんですが、選手に頼まれた衣類などを親が持ってくると、その荷物の中に菓子類が隠されていたりするんです。たかがお菓子ですから、私も見て見ぬふりをしますが、その場合、自分ひとりで食べないで、一緒に部屋にいる選手たちと分け合うことで許しています。でも、食事もろくにとらずに部屋でお菓子ばかり食べていたり、部屋が菓子袋で散らかっていたりしたら怒ります。

それから、いわゆるエロ本を持ち込んでいる選手がいたりする。そのときは頭ごなしに叱ると反発します。高校生が性に興味を持つのはごく自然なことですから、こう言います。

「おれも男だから、こういう本を見たい気持ちはわかる。見たければ、いくらでも見ていい。だが、おれが部屋に入ったときにそこいらに置きっ放しだったら承知しないぞ。モラルだけは守れよ」

私の対応が甘いらしく、コーチは不服みたいですが、「おれたちだって見たじゃないか。エッチな本を見ているからといって悪いやつじゃない」と笑って聞き流しています。だから、全部が全部ダメ、すべて許さないという規則ではないんです。

でも、タバコや酒といった法律で決められた社会のルールを破ったときは雷を落とします。

そんな具合に、決まりにもメリハリをつけないと逃げ場を失い、かえって悪い方向に走りかねません。そこのところを選手たちは十分理解していて、私が怒る行為とはどんなことか、選手たちもわかっているんです。だから選手たちは「ここまでやったら叱られる」という境界線を判断して、ハメをはずすようなことはしません。そういう意味では、私と選手の間に意思の疎通みたいなものができているのではないでしょうか。

よく問題になる男女交際についても、それ相応のルールを与えていますが、基本的には認めています。

選手の恋愛感情はチームの和を乱すということで、学校の中には女子生徒との交際に反対する先生もいます。よそ見をしないで野球に専念すべきだという意見なのですが、私は「女の子にラブレターのひとつももらえないようじゃ野球も上手《うま》くならないですよ」と、やんわり牽制《けんせい》しています。

野球に身が入らないような交際は許しませんが、付き合っている女の子が球場に応援に来て、その子にカッコいいところを見せたいと思ってファインプレーをしたりホームランを打ったりする。彼女が力を与えてくれるわけで、選手にも張り合いが出る。これは大きなプラスではないか。それぐらいの受け止め方でいいんじゃないかと思うんです。

そんな感じの認識なので、休み時間などに教室で女子生徒と話しているのを見かけると、「おお彼女か?」と声をかけ、「一度、監督室に連れて来い。おれが面接してやるから」などと耳元で冗談を囁《ささや》いたりします。ただ、なかには誰もいない体育館の裏などでコソコソと会っている選手もいて、それは絶対に許しません。「生徒たちのいる場所で、堂々と話せ」ときつく言い聞かせます。これは選手たちだけに限らず一般の生徒も同じです。だから、高校生としての最低限のルールさえ守れば、男女交際はOKという立場なんです。

私が高校のときは男子校で女子生徒がいなかったので、交際したくとも交際のしようがなかったんですが、それでも選手は他校の女の子から手紙をもらったりしていました。それで、その手紙を部屋で読んでいるだけで、「お前ら、やる気があるのか！」って怒鳴られたんです。当時の監督は、ちょっとそのへんの扱いが下手だったと思います。「彼女、可愛いのか？」くらいのことを言えるようだったら、監督と選手としていい関係が築けたかもしれません。

◎監督と教師、ふたつの立場から選手の違った一面が見えてくる

合宿生活をしながら社会科の教師として教壇に立っていることも、選手たちとの付き合いにプラスになっていると思います。選手たちの多くはスポーツクラスに入っているので、そのクラスを受け持っていない私は、選手たちと校内で顔を合わせることはあまりないんですが、選択授業でときどき一緒になります。その授業で選手と向かい合うと、また違った自分を見てもらえるという面があります。

たとえば、朝の教室で女子生徒に「小倉先生、おはようございま〜す」などと挨拶《あいさつ》されると、ニコニコしながら「よう、おはよう」と言葉を返す。すると同じ教室にいる選手が、グラウンドの鬼のような監督とは打って変わった仏のような私の表情を見て、「何だよ。おれたちにはあんな顔しないじゃないかよ」と、苦笑いしながら文句

を言う。廊下ですれ違うだけで選手たちは、グラウンドと教室では違うということを感じてくれているんです。

グラウンドでの厳しい監督だけを見るのではなく、平凡な教師としての監督の姿も見てもらうことができる。ということは、私もグラウンドとはまた違った選手の側面を見ることができるわけです。

野球の現場でしかつながっていない監督と選手の関係だったら、グラウンドで結果を出した選手だけ使うという感覚になり、他の選手は無視してしまう。ともすれば偏《かたよ》った選手の選択をして、その結果、チームの力を落としてしまいます。だから、学校の教壇でも選手と接していることは、選手たちの見えにくい、心の内面、個性もつかむことができ、ひいてはチームのレベルアップに結びついていくと思うんです。

選手たちが自分の隠れた部分を見てもらう。これは監督と選手の関係からだけではなく、選手と選手の間にも生まれます。三高の合宿所では、一年生、二年生、三年生が交ざって一部屋になっているので、合宿生活でわからないことを上級生が下級生に教えるなど、ふだんから打ち解けやすい環境にあります。だから、チームメイトと積極的にコミュニケーションを図るように伝えています。

好きなタイプの女の子の話でも、親兄弟の話でも何でもいいから話して、交流を深める。そうすると、いままでわからなかった個性や長所が見えてきて、相手を認めるようになります。それが、グラウンドの姿ばかり見ていると、「あいつのバッティングはおれよりダメだな」とか「一年生のくせに生意気なスローイングをしやがって」といったように、お互いを野球の中でしか見ることができなくなってしまう。だから、野球以外のところでも交流を深めると、「あいつにこんなところがあったのか」と相手のことを理解し、選手間の信頼感が高まっていく。そして、その信頼がチームの結束力につながっていくんです。

◎父としての目線で生徒に接する素地は両親譲り

選手たちとの合宿生活は、関東一高時代を含めれば三十年以上にもなりますが、長く続いているのは、私の生まれ育った環境に因《よ》る部分も大きいと思います。

私は千葉の九十九里《くじゅうくり》の田舎育ちで家は農家。お金はないんですが、母は飾らない性格で、食事の最中に客が来ても家に招き入れ、私たち家族と一緒にご飯を食べることを勧めるという人でした。

お盆になると、親戚のおじさんおばさん、いとこたちが大勢家に集まってきて、夜ともなれば大宴会で、そのまま座敷でごろ寝です。また、稲刈りの時期には、作業に駆り出されるんですが、朝の十時と昼の三時の休憩に、手伝いに来ている近所のおじさんやおばさんたちと車座になってお菓子やおにぎりを食べたりと、そんな素朴で温かい環境で育ちました。

私は三人兄弟の三男に生まれました。子どもの頃から野球ばかりして、勉強はそっちのけでしたが、両親はまったく怒りませんでした。

父の教えは、「勉強ができなくても喧嘩《けんか》には負けるな」でした。勉強をしなくても何も言わないんですが、喧嘩で負けてくると、「負ける喧嘩なんかやるんじゃない。もう一回やってこい！」とけしかけるんです。だから喧嘩したことは責めない。その代わり、人の物を盗んだり弱い者いじめといった、卑怯《ひきょう》なことには厳しかった。また、大学生の兄が友だちを呼んで真夜中に麻雀《マージャン》をしていると、わからない麻雀を寝ないで見ている。そのうえ「腹減ったろ、ラーメンでも食うか？」と、インスタントラーメンをみんなにつくってやるという、変に人懐っこい一面もありました。そんな家庭の中で、のびのびと育てられたと思います。学歴も何もない両親でしたが、私は大好きでしたね。

父は私が二十歳のときに交通事故で亡くなりましたが、葬式の席で叔父が「兄貴は、本当にお前たちを可愛がったよな。こんないい親父がいたんだから、しっかり頑張らんとな」と、私たち兄弟にかけてくれた言葉はいまでも覚えています。

私にとって、当たり前の家庭で当たり前に育てられたという気持ちしかないんですが、そういういつも周りに人がいる生活を送ってきたから、選手たちといつも一緒でも苦にならないんだと思います。むしろ幸せを感じているのも、私を育ててくれた父母のような目で選手たちを見ているからかもしれません。

愛情と信頼がチームを育てる

◎信頼関係はまず監督が選手のために全力を尽くすことから

「監督を胴上げするために戦った」

二〇一一年（平成二十三）、夏の甲子園で優勝したとき、ピッチャーの吉永が選手を代表して、こう言ってくれましたが、この監督冥利《みょうり》に尽きる言葉は、監督と選手が強い信頼関係で結ばれている証《あかし》と思います。

人が人を指導し、動かそうとするとき、何よりも大切なのはお互いの信頼です。信頼がなければ、どんなに正しいことを教えても選手は動かないし、育ってもいきません。しかし、監督と選手がしっかりと信頼関係を築いていくのは容易なことではない。心から選手のことを思い、愛情を持って接しなければ、真の絆《きずな》は生まれません。

そのためには、まず信頼関係を築くきっかけをつくることなんです。どんなささいなことでもいいから、愛情を示してやる。選手の行動をよく観察し、変化に気づいて「おれはお前のことをちゃんと見ているよ」ということをわからせてあげるんです。だから、こちらから選手に問いかけることが必要です。

「お父さんは元気か？」「バッティングの調子はどうだい？」と聞けば、「とても元気です」「だいぶ良くなってます」などと、必ず何らかの言葉を返してきます。選手が少しでも上達したら「頑張ってるな」とほめてやる。悩んでいたら「ちょっと話でもしようか」と、さり気なく手を差し伸べてやる。

そこに、いわゆるキャッチボールの会話が生まれ、そして、そこからお互いに理解し合い、心を開いていって、信頼関係が築かれるんです。監督と選手の間に強い信頼関係が築かれれば、「監督のために甲子園へ行こう」と思う気持ちがチームの中に芽生えてきます。そして、その気持ちは試合で大きな力を発揮します。

選手は入部した時点では、「監督のために」などという気持ちは露《つゆ》ほどもありません。すべて「自分のために」であるはずです。入部後に、他の選手たちと同じ釜《かま》の飯を食っていくうちに、「チームのために」という気持ちが湧《わ》いてきますが、とはいえ、そうたやすく「監督のために」とは思ってくれません。

甲子園に出場するような強いチームをつくろうとすれば、どうしても選手に厳しい練習を強《し》いなければならないし、ときには胸が張り裂ける思いでメンバーからはずさなければならないこともあります。ともすれば「ふざけるな、小倉の野郎！」と恨《うら》みを買って、殴《なぐ》られかねません。では、選手に「監督のために戦おう」と思わせるにはどうすればいいか。それは、まず監督が選手のために全力で頑張ることだと思うんです。

他の学校の監督さんのほとんどは、選手として六大学や実業団で活躍し、それこそ甲子園にも出た花形プレーヤーですが、その点、私は何の実績もありません。そこで、選手にこう言うんです。

「おれは高校では打てなかったし、いいプレーもできなかった。だからプロに行けなくて監督やってるんだけど、でもお前たちは打てるようにするからな。よそに絶対負けない野球、チームをつくるからな」

監督は自分たちのために真剣に取り組んでくれているんだということを、選手が感じることで、自分たちも監督のために頑張るという気持ちが生まれてくるんです。監督と選手という関係だけでなく、教師と生徒という関係においても、先に力を尽くすのは指導者のほうであるべきで、そこから信頼関係が築かれ、選手たちが育っていく。

優勝に導くことができたのは、技術的なものとは違う、別の大きな力が働いていたからです。その力とは、私と選手の間にある強い信頼関係だと思うんです。

◎野球以前に人間として選手たちに接することで生まれる絆

監督と選手の信頼関係は、チームづくりの中で築かれていくのですが、そのお互い

「監督を胴上げするために戦った」

に寄せる信頼は、チームをつくる前から生まれることもあります。

二〇一〇年(平成二十二)春の選抜で準優勝したときのエースだった山崎福也《やまさきさちや》と吉永健太朗の話です。山﨑は中学校を卒業して、三高の入学が決まっていたんですが、健康診断で脳腫瘍《のうしゅよう》を発病していたことがわかったんです。山﨑の父親は巨人でプレーしたこともある元プロ野球選手で、彼はその父親の背中を見ながら育ち、甲子園に行くことを夢見て、子どもの頃から野球に打ち込んできた子でした。

診断で「とても野球のできる状態ではない」と言われましたが、頭が痛いなどの自覚症状はまったくないし、野球もいつも通りプレーしていたんです。それだけに大変なショックを受けた。治すには手術しかありません。しかし、行った先々の病院で「手術は脳幹などを傷つけて呼吸ができなくなったり、歩けなくなるリスクがある」と言われて、手術を断られた。そしていくつも病院をあたった末、脳外科手術では世界的に実績のある北海道大学病院にようやくめぐり合い、そこで手術を受けることになったんです。手術は、成功の確率は五十パーセント、成功してもまた野球ができるかどうかわからないと言われたほどの難手術でした。

札幌に出立《しゅったつ》する前、私は山﨑を短い言葉で励ましました。

「頑張れよ。待ってるからな」

手術を終えて帰ってきたら、たとえ野球ができなくても、私は山﨑を野球部で引き受けようと思っていたんです。すでに入学が決まった山﨑に、病気だからといって入部を断ることはできません。彼さえよければ、マネージャーの仕事をさせることも考えていました。

山﨑は頑張りました。八時間におよぶ大手術を驚異的な精神力で耐え、難病を克服したんです。退院して練習に参加すると、心配していた後遺症もなく、大手術などまるでなかったかのようにメキメキと力をつけ、一年生の秋にはベンチ入りし、二年生になるとレギュラーの座をつかみました。そして、三年生時の春の選抜では投打に貢献し、準優勝に導いてくれたんです。山﨑は卒業後、東京六大学野球で本格派左腕として素晴らしい成績を残し、二〇一四年（平成二十六）のドラフト会議一位指名でオリックス・バファローズに入団したことは周知の通りです。また、難病を克服して、プロ野球選手という大きな夢をつかみ取った彼の頑張りはテレビで取り上げられ、多くの人に勇気と希望を与えました。

吉永健太朗も、入学する前に右ひじに負傷を抱えていました。彼は中学一年生の頃から三高野球部に入部する意思を強く示していたので、その熱意に感心して親しくしている医師を紹介しました。船橋整形外科病院の菅谷《すがや》啓之《ひろゆき》先生で、スポーツ界では知る人ぞ知る有名なお医者さんです。

「自分は日大三高のチームドクターだと思っている」とおっしゃってくれるほど三高のファンという菅谷先生の好意に甘えて、入部が内定している中学生選手の診療をお願いしている間柄なんですが、その先生のもとへ吉永を通わせました。吉永を自宅のある日野から船橋まで、コーチを付き添わせて治療を受けさせたんです。

おかげで吉永の傷は完治して無事入学できたんですが、なぜこんな話をしたかというと、菅谷先生もそうですが、山﨑にしろ吉永にしろ、私を結びつけているのは、やはり信頼関係に尽きると思うんです。

一度、チームの選手として引き受けることを決めた以上、その選手がたとえ病気を患《わずら》っていたりケガを負っていたりしても、それを理由に見放すことはしません。浪花節《なにわぶし》的な甘ったるい感傷だと言われるかもしれませんが、野球選手以前にひとりの人間としての相手への情というか思いやりというか、そういう気持ちから信頼もまた築かれる。そして、その結ばれた固い絆からチームが育っていくんです。

◎補欠選手にだってやりがいがあることをきちんと伝える

三高の野球部には、毎年四十～五十人ほどの選手が在籍します。選手たちは甲子園を目指して日々懸命に練習をしているわけですが、ベンチに入ることができるのは甲子園の西東京大会予選で二十人、甲子園大会では十八人です。

できれば選手全員を試合に出したいというのが、どの監督にも共通する心情と思いますが、しかし選手を選ばなければ試合に出られない。監督として一番つらく悩ましい仕事であって、身を切るような思いで人選することになります。

メンバー表を発表するとき、選手たちも自分の名前が入っていることを期待しているだろうから、慎重に人選しなければならない。そのときの気分や思いつきで選んでしまったら、選手たちに不満が残ります。

選手の人選を誤らないためには、ふだんから十分なコミュニケーションを取っておくことが大事です。グラウンドの中はもちろん、教室や休み時間の校庭など、話すことのできる、あらゆる場所で選手たちと交わり、密な関係をつくっておく。そうすると、その選手が仮にベンチ入りからはずれたとしても、「監督は自分のことをよく考えてくれている。そのうえでの結果だから仕方がない」と感じて納得してくれます。

もし、対話のない状態で機械的に選手を選んでしまったら、選手に必ず不満が生まれます。たとえ何の不公平もない妥当な人選であっても、「小倉の野郎、どこに目がついてやがんだ。やってらんねぇよ」という不平不満が選手の間に広がって、ささくれだった人間関係ができてしまう。それこそチームの崩壊につながりかねません。

それから、一度決定したら、それで終わりにするのではなく、再チャレンジできるチャンスを与えてやることも必要なんです。二度目、三度目とチャンスを与えてやれば、初回で人選に漏れても、「ようし、次は絶対に選ばれてやる」という前向きな気持ちになって、さらに努力する。もし最後の機会までメンバーに選ばれなくても、「ここまで頑張ったんだから満足だ。選ばれたみんなを応援してやろう」という気持ちに変わって、チームの絆がいっそう強くなります。

これは他の学校もだいたい同じだと思いますが、三高では新学期の頃になると、実力のある三年生をメインに春の選抜大会に向けてメンバーを組みます。そして、春の大会が終わるとチームを解体して、今度は夏の甲子園大会に向けてもう一度メンバーの人選をするんです。つまり、春の選抜でメンバーからこぼれても、夏の大会でもう一度メンバーに挑戦するチャンスがあるわけです。

このローテーションの中で、選手にとって一番つらいのは、それまでメンバーだったのが、調子を落とすなどして三年生の夏の大会でメンバーからはずれることです。なかには、メンバーを発表した翌日から、グラウンドに来なくなってしまう選手もいる。こうしたことは、日頃から選手と密にコミュニケーションを図っていても起こります。だから選手の心のケアが必要になってくるんです。

甲子園の大会が近づいてくると、ついメンバーに選んだ選手にばかり目が行ってしまいがちなんですが、それでもメンバーからはずした補欠選手のケアは忘れないようにしています。ケアを怠《おこた》ると、補欠に落とされた選手は、私に見捨てられたと思い、チームの結束を乱すような行動に出ないとも限りません。これまでにそうした選手はいませんが、だからメンバーからはずすと決めたら、その選手とは時間の許す限り話し合って、私の意図をわかってもらうように努めています。

その選手の努力を認め、にもかかわらず補欠に落とさざるを得なかった理由を率直に話すんです。また、選手に不満があるなら、納得のいくまで選手の話を聞いてあげる。

そうすることで、「自分のことをちゃんと思ってくれている」とわかってくれる。選手との間にしこりは残らず、選手は前にも増してチームのために努力するようになってくれるんです。打撃練習のバッティングピッチャーや守備練習のノッカーなど、コーチの役目を買って出てくれ、チームを脇から支えてくれる存在になってくれます。

つまり、大事なことは、選手のやる気を奪わないことなんです。そのためには、「思っている」「思っていてくれる」の関係を常に保つこと。この関係があれば、選手との絆が切れることはないと思っています。

選手の親とどう向き合うか

◎選手の平等な扱いを親に理解させる

メンバーの人選のとき、ともすればチームづくりの障害にもなりかねないのが、人選に漏れた選手の親からのやっかみやクレームです。

「あの子よりウチの子のほうが上手《うま》いのに、どうしてレギュラーになれないんだ」「監督はえこひいきしてるんじゃないのか」というような抗議をあからさまに受けたことはありませんが、口には出さずとも「何でウチの子はダメなの？」と腹の中で思っている親は絶対にいると思います。

父母会に資金を援助してもらっている学校などは親の発言力が強く、監督が思い通りのチームをつくれずに困ってしまうというケースもあるようですが、できることなら全員をベンチに入れたいという思いは、どこの学校も同じなんです。それが無理なので頭が痛いわけですが、不服を言ってくる親の「わが子かわいや」の気持ちもわからないわけでもないので、メンバーの人選は慎重に行わなければなりません。

このメンバーの人選は、前にも少し触れましたが、私は選手たちに平等にチャンスを与えて、ちゃんと納得できるように、最後の最後まで競争させます。

夏の甲子園は六月二十日過ぎあたりに東京予選大会の抽選があるので、多くの学校はそこをメンバー決定の最終日にするんですが、三高では、メンバーの最後の変更がきく七月の第一週あたりまで競争させるんです。

学校によっては、予選大会の一か月くらい前にメンバーを決めてしまうので、メンバーからはずれた三年生は引退したようになって、その三年生で引退試合をするところもあります。それでは選手があまりにも可哀想《かわいそう》です。そんな思いもあってギリギリまで競争させているわけですが、あれこれどう考えてもベンチ入りが無理な選手がいます。その選手はグラウンドでの練習からはずれるんですが、それでも練習がしたいと願い出ればいつでも室内練習場で付き合うようにしています。

「自分としては一生懸命教えてきたんだけどベンチに入れられなかった。伸ばしてやれなくてごめんな」と言えるまで面倒を見たい。最後まで指導もしないで、「お前は力がないからな」などとはとても言えません。本人からやる気が失《う》せてしまったら話は違いますが、みんなメンバー発表の最後まで競争意識を失わないので、私も最後の最後まで教えられることは教えたいんです。

夏の大会に強いチームと弱いチームがあります。他の学校へ練習試合に行ったりすると、夏に勢いがないチームというのは、ベンチからはずれた選手がグラウンドのそばで暗い顔をしてるんです。春の選抜には強いけれど夏の甲子園にはなかなか出てこないチームがありますね。これは私の偏見かもしれませんが、ベンチからはずれた選手の暗い気配がベンチにまで入り込んで、チームの勢いを削《そ》いで重苦しくしているように思うんです。

夏の大会は、対戦相手のほかに汗が噴き出すような暑さ、甲子園に向けて戦う独特の雰囲気など敵がいっぱいあるわけですから、チームが一丸となっていないと勝てないんです。ベンチからはずれた選手が陰で腐っていて、みんな頑張ろうというときに、「おれはいいよ。やってらんないよ」という態度で足を引っ張る。ベンチ入りしたメンバーも、そういう選手に変に気を遣わないといけないという空気が生まれて、ひとつになっていかないんです。

まだ高校生なので、自分が試合に出られないから面白くないという気持ちはわかります。わかりますが、いつまでもふて腐れていたりしていたら、親が何と言おうと容《よう》赦《しゃ》なく叱《しか》り飛ばします。なかには一人か二人、「人の子にちょっとやり過ぎじゃないのか」などと文句を言ってくる親もいますが、そんなときは、こう話します。

「私には娘が二人いますが、その娘同様、選手たち全員を私の子どもだと思っています。だから平等にほめますが、叱るときも平等に叱ります。殴《なぐ》ったりはしませんが、私から叱られない子の気持ちってわかりますか？　監督に叱られない子って、横にどけられた選手なわけで、そんな寂しいことはありません。レギュラーとか補欠とか関係なく全員を並べて叱れるチームでなかったら勝てませんし、それが教育なんじゃないですか？」

するとI、親はだいたい納得してくれるようです。

◎ときには子どもを黙って見守るのも親の務め

人間には、好き嫌いや相性というものが必ずあります。相性の良い人間もいれば悪い人間もいる。野球部には多くの部員がいますから、多少の仲の悪さは仕方がないとしても、それがチームの和にまで影響を及ぼすようだと問題です。

数年前のことですが、ある一年生の部員に次のような出来事がありました。彼が入部して三か月ほどたった頃、合宿所から家に帰ったまま戻って来なかった。聞けば、上級生にいじめられたからだという。三高にはいじめがないというから息子を入れたのに、いじめを受けたのはどういうことなのか、それなら退部させたいと父親から抗議があったんです。

三高にはいじめなどないですから、どんなことでいじめを受けたのか具体的に説明を求めました。すると、フリーバッティングで外野を守っていたら、守備位置に一緒にいた上級生から嫌なことを言われたという。そこで、その上級生に確認したところ、守備を一生懸命やっていなかったので注意したということでした。

そんな注意はいじめでも何でもないので、そのくらいは我慢してほしいと父親に言いました。高校野球のレベルを考えないで三高に来たのではないか。三高の野球についていて行けないのかもしれない、とも話しました。すると、今度は本人が、いじめられたのではないが、やめたいと言い出したんです。いじめをなくしてもらいたいのか、やめたいのか、どちらなのかはっきり答えてほしいと聞くと、やめたいと言う。結局、本人はただやめたかっただけなんです。

しかし、父親はやめさせたくないと言う。最初に退部させたいと言っておきながら、それは話が違うのではないかと問い詰めたりもしたんですが、父親のたっての願いもあって本人は合宿所に戻ってきたんです。

それから八月になり、新チームが地方へ遠征に行くにあたってベンチ入りのメンバーを発表したら、彼はまたやめたいと言い出した。自分がメンバーに入っていなかったからですが、何を考えているのか、とあきれましたね。二度目なので二人でよく考えてきてほしいと、父親に息子を家に連れて帰ってもらいました。ところが、そのあとも、その部員はやめたい、父親はやめさせないとずっと平行線のままなんです。夏休みが終わり、九月一日の始業式に登校してきた彼を見て驚きました。髪を黄色く染めていたんです。髪を短く刈ってはいるけれど、染めているのが明らかにわかる。私を見て逃げ出そうとするところをつかまえて問いただすと、「金髪にしちゃえば退部できると思った。だけど親父《おやじ》に刈られてしまった」と言う。

そこまで父親に押さえつけられている彼に同情する気持ちになりました。本人も本当にやめたいと私に言うので、すみやかに退部できるよう私が父親を説得することにしたんです。そのとき、北海道に一週間ほど出張があったので、帰ってきたら家に連れて行って父親に頼んでやるからと言い置いて出かけたんです。

ところが、出張から帰ってきて彼を家に連れて行こうとしたところ、野球を続けたい、やめたくないと言う。私の出張中に「やめない」という合意が父親との間に取り交わされたのかもしれませんが、さすがに怒り心頭です。あれほど退部したいと望んでおきながらの豹変《ひょうへん》に、もう腸《はらわた》が煮えくり返りました。あんなに憤慨したのは、これまで経験がありません。

本人を選手全員の前に引っ張り出して、怒鳴りつけました。

「この野郎！　大人をなめやがって。だからお前はみんなに嫌われるんだよ。チームになじめないんだよ。みんな、こんなやつとは口をきかんでもいいからな。相手にしないでいいからな」

頭にきていたとはいえ教師らしからぬ雑言に、いささか反省しましたが、次の日、グラウンドに来た彼を見てビックリしました。彼はちょっと目付きが悪く、その暗い表情がコンプレックスになって選手たちに溶け込めなかったようなのですが、それが目付きがガラリと良くなって顔も明るく変わったんです。一年生の冬を迎える頃には、すっかりみんなと打ち解け、ニックネームで呼ばれるほどの人気者になったんです。長いこと監督をやっていますが、この部員ほどすべてが変わった子は初めてでした。

もともと彼は、中学生のときはかなりバッティングが光っていて、それで三高に声をかけられて入ってきたんです。だから父親は自分の子どもは絶対にレギュラーになれるから退部させたくないと思ったんでしょう。しかし、自分の子どもしか見ることができず、周りを見ることができなかった。

親のエゴはこの部員の父親に限らず、よくあることだと思います。子どもは過度の評価を真に受けていないのに、「ウチの子が一番。よその子よりも優れている」と親が信じ込んで、子どもの自由を奪ってしまう。それは、子どもの心の成長を遅らせることになります。子どもが合宿という集団生活の中に身を置いている意味をよく考え、黙って見守る強さと寛容さを持つことが親の役目だと思うんです。

◎親が入り込んでこない関係を築くには

合宿生活の中で選手を成長させていくためには、選手の親との付き合い方も大事なひとつです。早い話が親を私の味方にするといいますか、いかに親に理解してもらうかなんですが、そのためには子どもを小倉に預けているから大丈夫だという信頼関係が欠かせません。だから、親も選手たちも私を軸とした形でひとつになってくれるように心掛けています。

選手が合宿所から家に帰ったとき、親から見て元気がないことがあるわけです。とくに一年生がホームシックにかかったりすると多いんですが、そんなときは遠慮なく私に電話をしてほしいと言ってるんです。

親の多くは、野球の監督に親子のことを相談するのは憚《はばか》られるという気持ちがあるようですが、しかし選手たちを育てていくためには親と私が協力し合わなければスムーズに行きません。

親から電話でひと言相談をもらえれば私も注意して本人に気を配ることができるし、

何も知らずに叱ってしまったりしたら、本人をよけいに落ち込ませてしまう。事前に相談してくれていれば、「なんだお前、家で元気がないらしいじゃないか。何かあったのか？」と聞けるし、「いいか、お母さんがおれに言いつけたんじゃないぞ。お前のことを心配してのことだからな」と親のこともフォローして話せば、本人はスーッと気持ちが楽になるんです。そして、親にも、「電話をもらってよかったですよ」と伝えると、小倉監督はちゃんと親の話を聞いてくれるんだと信頼感を持ってくれ、親も私に近づいてきてくれるんです。

そうした親との信頼関係を保つために、いつも親に言っていることがあります。それは行き過ぎた指導もあるかもしれないが、それを攻撃して足を引っ張るような真似《まね》だけはしてほしくないということです。一度の失敗で「やっぱり小倉って男は……」と非難される関係では困るわけで、つまらない噂《うわさ》が耳に入っても、聞き流す寛大な心を持っていてほしいんです。

私に子どもを任せてあるんだから、親として我慢するところは我慢してもらう。「千尋《せんじん》の谷へ突き落とす」ではありませんが、厳しい練習を乗り越えてどう子どもが成長していくのかを陰から見守るぐらいの気持ちでいてほしいんです。

いまはどの学校でも少なくなったようですが、選手への体罰が問題になることがあります。昔は監督に殴られるには理由があると選手のほうもわかっていた。親も、監督の指導だから従うべきだと理解している面があった。いまはちょっと叩《たた》いたりすると暴力を振るったと言われて厳しい。それは親との信頼関係がないことも原因なんです。

高校野球の場合、体罰などの問題が起きると、親は高野連（日本高等学校野球連盟）に告発するとか言い出して騒ぎ立てる。学校も試合の出場停止などペナルティーを受けるのが怖いので、対応が弱腰になる。そして、悪くすればいざこざになってしまうんですが、それはお互いの間に信頼関係が築かれていないからです。

その信頼関係とは、学校側は「そんな事実はない」とはっきりと否定することで親を理解させ、たとえ問題があったとしても、その問題に対して親は目をつぶってやるという、そういう力量で対処できる関係のことです。

野球に限らず学校のスポーツの中に親が入り込んだら絶対にマイナスなんです。そうならないためにも学校は何事にも毅然《きぜん》とした態度で臨み、親は学校の指導を広い心で受け入れる包容力が必要だと思うんです。

第二章

才能を育てる

選手を「やる気」にさせる指導法

◎時代に即した練習法を柔軟に採り入れる

関東一高と日大三高の両校で監督を務めてきた三十数年の間に、社会は大きく様変わりしました。それに伴って、選手である高校生たちもどんどん変わってきています。選手たちが変わってきている以上、教え方も変わっていかなければなりません。

「昔はこうだ」「これでうまくいった」では、いまの子どもたちには通用しません。「十年ひと昔」という言葉があるように、昔とは十年以上も前のことです。その時代の教え方を押し付けていては、選手たちとの間にひずみができ、コミュニケーションがうまくいかなくなって、強いチームをつくることはできません。

たとえば体力です。いまの子どもは、見かけは立派な体格ですが、昔にくらべて全体的に逞《たくま》しさがなくなっています。ちょっとハードな練習が続くと、疲労を訴えたり、ケガもしやすい。生活環境や食生活の変化が、子どもたちの体力の低下を引き起こしているのですが、だからこそ、昔の選手よりも身体に注意を払い、健康管理の指導などにも目配りしなければいけません。

精神構造も昔とは違ってきています。昔のように「根性だ」「気合だ」と精神論を振りかざして尻を叩《たた》いても動きません。合理性のあることなら厳しい練習にも耐えて頑張りますが、理屈に合わないことは拒否反応を起こしてそっぽを向いてしまう。だから、選手の言い分も聞き入れてよく話し合い、お互いに納得できるように協調しながらチームをコントロールしていくことが必要なんです。

これまで用いてきた指導法を変えるのは、けっこう勇気のいることかもしれませんが、私の場合はわりとスパッと変えられるんです。

大学に進学した卒業生がグラウンドにやってきて、いまの大学野球が実践している練習方法などを教えてくれる。それを聞いて、いいと思えば、すぐに採り入れます。そんな簡単に方法を変えてしまったら、選手は困惑して信頼関係を損なうのではないかと危惧《きぐ》する監督さんもいますが、心配はいりません。

いままでの練習法はこうだったけど、大学ではこうだから、これをやってみたらどうだろうかと、選手たちに説明して判断を仰ぐ。すると選手たちはまず嫌がりません。いまの子どもたちは、新しいことへの好奇心が旺盛《おうせい》で、順応性がある。その方法が採用する価値があると判断すれば、進んで取り組みます。

卒業生が遊びに来たら、大学や実業団の最新の指導法を教えてもらい、それを自分の中で確認し、理解して選手に伝える。そして教え方を変えていく。変えるといっても、百八十度違うことをやるわけではない。基本的なことは変わらないので、そう難しいことではありません。もちろん、技術力の高い実業団といえども、自分が納得できないことは採り入れませんが、そんなふうにして選手たちと相談しながら、指導法の刷新を図っています。

プライドや実績にこだわらず、柔軟性を持って時代に即した指導法を採り入れていく。これは野球の監督だけではなく、いわゆる指導者と言われる人すべてに必要なことではないかと思います。

◎体が勝手に動くまで、反復練習でひとつのプレーを身につける

どこの学校の監督さんも、甲子園に出場できる強いチーム、勝てるチームづくりを目指して努力されているのですが、では、そのためにはどう努力すればいいか。それは、ひとつのプレーをひたすら繰り返し繰り返し練習することに尽きると私は思います。

完全にひとつのプレーができるまで、次のメニューに行かない。選手がしっかりマスターするまで焦らず、根気よく教えて、確実にできるプレーをひとつひとつ増やしていくことが、強いチーム、勝てるチームをつくる一番の早道だと思うんです。

高校野球は時間が限られています。三年間の短い期間で結果を出さなければならないので、どうしても、あれもやらなければこれもやらなければ、と焦《あせ》ってしまう。それで欲張って、次から次とメニューをこなそうとする。しかしこうなると、腰を据えてできないので、みんな中途半端になって、結局、ひとつとして完全にできるプレーがないというチームになってしまうんです。

完璧《かんぺき》というくらいまで選手を練習で鍛え上げても、いざ試合になると、勝敗を決するような大事な場面でミスが出てしまうのが野球です。だから、そうたやすく事は運ばないのですが、ひとつのプレーが確実にできるようになれば、それは選手の自信になる。大事なのは、その自信の積み重ねなんです。自信の蓄積がミスの少ない選手をつくり、安定したチームをつくり上げていくんです。

中途半端なままのプレーをいくつ重ねても、砂上の楼閣《ろうかく》のようなもので、試合ではまったく役に立ちません。窮地に立たされたときに踏ん張れず、あっけなく崩壊してしまうんです。だからひとつのプレーが確実にできるまで、繰り返し繰り返し反復練習をすることが、いかに大事かということです。

その反復練習も、ゲームを想定して行うことが重要です。そのために毎日守備練習から始めているんですが、その守備練習では、必ずピッチャーをマウンドに立たせてやっています。野球はピッチャーがボールを投げることから始まりますから、練習でも、ピッチャーが投げてから野手にノックをする。そのボールに対して実戦と同様に野手が動く。投手と野手の連携プレーを徹底的に植えつけるわけです。

ひとつのプレーに対して先を読み、選手全員が動いて次のプレーに備えるフォーメーションでは、さらに実戦的に練習することが重要です。イニング、得点差などさまざまな状況を見据えて守備位置やカバーリングなど処理の仕方が異なる練習を徹底的にやっています。

ひとつひとつのプレーを頭で理解するだけではなく、体で感じ取り、とっさに動けるようになるまで繰り返し繰り返し練習する。そうした反復練習が強い、勝てるチームをつくるベストな方法だと思います。

◎目標は「甲子園に行く」——それだけでいい

私は高校時代の三年間、三高の野球部で過ごしたわけですが、当時の三高の野球というのは押し付けられたものというか、内容の欠けた充実感の乏しい野球でした。その頃の野球部は、甲子園に出られないと監督が三年から五年で交代していました。そのうえ三高イコール名門校というOBからの植え付けもあって、監督は、勝たなきゃ

「大事なのは、自信の積み重ねなんです」

勝たなきゃという意識ばかり強くて、余裕を持って野球ができなかった。加えて若い監督だったから、敵は試合の対戦相手だけでなく、OBであったり学校であったりと、周りは敵ばっかり。そんな状態だったので、よけい焦りが出て、選手の指導もゆとりがなかった。ただむやみやたらに練習させ、叱《しか》り飛ばすだけでした。

たとえば、練習の中で、外野から内野へのカットプレーをミスしたとします。すると監督が「もうやめろ。お前らこんなこともできないのか」と言って練習を中止して、グラウンドから去ろうとする。私たち選手は、「すみません、監督。もう一回やらせてください」と謝りにいく。でも監督はそのまま私たちをほったらかして帰ってしまうんです。

謝っても許してもらえない。そうなると、私たちとしては叱られている意味がどこかに行ってしまって、どうして練習しているのかわからなくなってしまうわけです。しまいには「だったらもういいよ。おれたちで勝手にやろうぜ」みたいな野球になっていって、私も遊び半分の感じでやるようになってしまった。「夏の甲子園に行こう」ではなく、「行けたら行こうぜ」という、そんなやる気のない練習の毎日を送っていました。だから、試合でいったん劣勢になると弱かった。踏ん張るなんてこともなく、逆転なんてまず無理。ズルズルといって勝つことはなかった。

そんな覇気のない野球をしていた三年間だったんですが、でも「甲子園に行きたい」「やれば甲子園に行けるんだ」という気持ちは、心のどこかにあったんです。その甲子園への憧《あこが》れをはっきりと意識したのは、学生コーチとして出場した夏の甲子園でした。

入場門から行進してくる選手の晴れやかな姿を見て、「これが甲子園か。自分もここで、このグラウンドの上で、プレーしたかった」と、後悔と歓喜が入り混じった感動で胸が震えて涙があふれたんです。そのとき、やはり甲子園は、全国高校球児の夢の舞台なんだと強烈に感じました。

高校野球は、一般的に学校教育の一環である人間形成の場として考えられています。私も教壇に立っている身なので、野球を通しての人間教育の大切さは十分に理解しています。それを承知で言うんですが、野球をやる以上、試合で勝つことをまず目標にすべきだと思うんです。

私は選手たちを絶対に甲子園に行かせたいし、三高で野球をやっていてよかったと思わせる自信が自分の中にはあるんです。だから、野球というのは人生につながっているんだと思わせるのはまだ先でいい。高校の三年間はとにかく勝利への執念を燃やして、熱く野球をやればいい。すると、そこに「おれはあれだけ情熱を傾けて野球をやったんだから、他の人間とは違うんだ。負けない力があるんだ」という強い自信が生まれる。それが自分にとって大きな財産になったということは社会に出て初めてわかるから、いまはひたすら野球に打ち込むことだけを考えればいい、というスタンスなんです。

私が三高に入学したときは、甲子園に行きたいから野球部に入ったのに、監督からは「お前ら、甲子園甲子園と言うな。高校野球は人間教育、人間形成の場なんだ」と言われました。その言葉で、野球への情熱が削《そ》がれ、目標を失ってしまいました。

確かに人間教育の場なんですが、甲子園を目指して懸命に努力することによって人間は成長していく。絶対そうだし、それが可能だと私は思います。だから、高校野球の目標は甲子園でいいんです。

それを、甲子園に行くために熱くやることなどないんだ、とか、適当に野球を楽しめればいいんだ、とかでは成長は望めません。甲子園に行きたいというのは、高校球児すべての偽らざる願いであり、甲子園を目指す過程の中で人間がつくられていくんです。その過程とは一生懸命に練習することなんですが、それがなければ試合には勝てないし、勝ったら、その中で反省すべきところは反省し、それでまた勝利に向かっていく。試合に負けたら、その悔しさをバネにして、さらに練習を積んで勝利を勝ち

「これが甲子園か。自分もこのグラウンドの上で、プレーしたかった」

取る。

そうした勝ち負けの中から勉強し成長していくんです。つまり、人間をつくるために野球をするんじゃなく、甲子園を目指して頑張ることで人間がつくられていくと考えるべきなんです。

選手たちは、目標に向かって努力する歩みの中で成長していくから、その目標を甲子園に置く。それでいいと思うんです。

自主性を持たせて成長させる

◎「ほめる」ことが自主性を伸ばし、やる気を出させる

高校野球の指導でもっとも大切なことのひとつは、自主性のある選手を育てることだと思います。その自主性を育てるためには、「野球は楽しい」という意識を持たせることです。

苦しい練習を乗り越えて、ミスのないプレーができるようになった。なかなか勝てなかったチームを倒すことができた……。すると野球が楽しくなり、楽しくなれば自主性が芽生え、やる気が起きて、いっそう練習に励み、強いチームができるという好循環が生まれます。

選手の自主性、「さあやるぞ」という意欲を駆り立てることが大切で、監督の仕事はその雰囲気づくりだと思うんです。選手をやる気にさせられるかどうか、それができないとダメで、そこが一番監督の手腕を問われるところではないでしょうか。選手のやる気を出させるもっとも効果的な手段のひとつが「ほめる」ことです。

選手が素晴らしいスイングをして、ホームランを打てば、当然、そのバッティング

をほめます。しかし、バットの出し方や身のこなしなど、どれを見てもホームランを打ったときと同じ完璧《かんぺき》なスイングをしているのに、凡フライを打ってしまうことがあります。それが試合の大事な場面であったりすると、「もっとしっかり打て！」と選手を叱《しか》りつけたい気持ちになる。しかし、練習で覚えたスイングを試合でやって、それが結果に結びつかなかったからといって叱られていたのでは、選手はこれからどんなスイングをしたらいいか混乱してしまう。結果が凡フライに終わっても、スイングが良ければ、ほめてやることが必要なんです。

「ナイススイングだ。いまのスイングでいい。そのうち必ず結果が出るから、負けずに頑張れ」

こうした言葉をかけて励ましてやれば、選手は迷わず、やる気も失わずに前向きな気持ちで野球に取り組んで行けます。

また、打撃不振に苦しんでいた選手が、ようやくバットが振れるようになったときは、「そうだ！　いいぞ！　その感じだ！」とほめてやる。

選手はスランプ脱出のきっかけをつかんだときにほめられると、そのときの感覚を頭に刻み込む。そして、バッティングの調子がどんどんあがっていって、さらにやる気を出すようになるんです。

ほめることは、野球以外でも効果を発揮します。たとえば冬の強化合宿のカラオケ大会で、野球があまり上手《うま》くなく目立たない選手が、歌をうたうとすごく上手い。それで、みんなが「もっと歌えよ」とせがむほどほめる。すると、次の日から全然違うんです。存在を認められたといううれしさからでしょう。誰よりも早くグラウンドに出てきて練習するようになって、野球のほうもぐんぐん上達していくんです。

また、雪が降って練習ができないとき、グラウンドでサッカーをやらせたりすると、野球は下手《へた》なのにサッカーが素晴らしく上手い選手がいる。リフティングなどプロ並みのテクニックで、みんなが「すげぇ！」と目を丸くして賞賛する。もちろん、その選手も見違えるほど変わりました。それまでは元気のない練習態度だったのが、はつらつとプレーするようになりました。

どんなところでもいいから長所があったら、どんどんほめてやる。ほめられるというのは自分が認められるということだから、それが大きな自信になって、やる気、自主性につながるんです。

◎「上級生の逞しさ」を見ることで目標がはっきり実感できる

下級生にとっての上級生は、上下関係がないとはいえ少なからず畏敬《いけい》の念を抱いていて、また学ぶべきところが多い先輩ですから、選手たちの自主性を育てる原動力になります。

私は、一年生にはまず上級生の体力的な逞《たくま》しさを見せてやるんです。トレーニングも、三分のトレーニングが十五種目あったら、一年生は各種目を一分か一分半くらいにしておいて、残りの時間は上級生のトレーニングの様子を見学させる。一年生には全部通してこなす体力が備わっていないためでもありますが、「上級生ってすごいなあ」と実感させるんです。

守備練習に関しても、まず上級生がどんなふうにやっているのか示します。次に上級生がやっている練習環境の中に、一年生を入れていく。上級生は力を抜かず真剣に取り組んでいるので、一年生も、上級生に負けずにやらなきゃという意識が自然と生まれていくんです。上級生の練習環境が下級生に無理なく受け継がれていって、自分も同じように練習をきちんとこなしていけば、上級生と同じレベルに到達するんだという目標が見えるわけです。

練習のあと、上級生も下級生も一緒に風呂《ふろ》に入るんですが、上級生のがっちりした体格を見て、だいたい一年生はビックリします。あるとき、ひとりの三年生を見た一年生が、「ぼくも、先輩みたいなあんないい体になれるんですか?」と、私に聞いてきたことがありました。その三年生は一年生の頃はヒョロヒョロで、腹もタプタプたるんでいたんです。「大丈夫だ。一生懸命トレーニングを積んでいけば、すぐにあいつみたいな体になるよ」と答えると、「そうなんだ」と目を輝かせて頷《うなず》いていました。

上級生の逞しさを見せるところから入っていって、その体格的にも体力的にも優れた上級生があんなに全力でプレーするんだ、練習するんだというのを示してやるわけです。上級生もそうした積み重ねで努力してきたんだ、自分たち一年生と同じひ弱な頃があったんだということをわからせる。それは、そんなに難しいことではないと、まず安心させて、そのうえで上級生を見習って頑張らなければいけないと思わせるんです。

そうすると見よう見まねで覚えていくし、上級生もまたいろいろアドバイスをしてくれる。声をかけてもらうだけでもうれしいのに、アドバイスを受けるとなれば、一言も聞き漏らしません。そして、そのアドバイスを参考にして、「教えてもらった欠点がわかった」「言うとおりにやってみたらできた」となったら、下級生にとって、こんな有意義なことはありません。

上級生にしても、下級生のときに上級生に教わって身につけてきたことを伝えればいいわけで、何の負担もありません。むしろ、教える喜びがある。また、教える過程で自分のプレーも再確認できます。そして、「いま、教えたことはすごく大事なことだな」「こう教えたけど、もっと上手な教え方があったかな」と、自分も野球を深く考えることになります。さらに、人にものを教える難しさや楽しさを知れば、その後の人生にも役立ちます。

監督の仕事は、選手たちにお手本を示すことですが、ときにはこのように上級生の力を借りて、選手の自主性を育てていくことも大事です。

◎「やらされている」練習ではないから余裕が残り、明日につながる

選手の自主性、やる気に関して、三高はかなり自信を持っています。自分から率先してやる。やらされている練習ではないという意識を持たせて、常に前向きに取り組ませているからですが、そのとき、いつも頭に浮かぶのが映画『ロッキー』です。古い作品ですが、私は、倒れても倒れても立ち上がって向かっていくロッキーの姿が好きなんです。ロッキーがトレーニングの縄跳びをして、次のトレーニングに移るときに縄跳びを丸めて床にバーンと叩《たた》きつけるシーンがあるんですが、あれが大好きで、そのシーンをイメージして練習しています。

秋の大会が終わり、冬の体をつくっていく時期に膝《ひざ》の強化運動をやるんですが、そ

のときは、とくにイメージして練習します。運動は、踏み台昇降の三分であったりサイドステップの三分であったりと、十五種目くらいメニューがつくってあって、三分間激しいリズムの音楽に合わせて運動し、音楽が変わったら一分間休んで次の種目に移るというハードなトレーニングです。

とても苦しいんですが、三分間終わって休憩のときに元気のない顔は絶対にしないと約束させて、ロッキーが縄跳びを床に叩きつけるように、「よしっ、次いくぞ！」という自分から前に踏み出す強い気持ちで、次の種目に臨ませています。

選手たちは声をかけ合って、いかにも楽しそうにメニューをこなしているので、見学に来た他校の監督さんから、よく質問されることがあります。

「こんなにきつい練習をどうして楽しそうにできるのか」

そう聞かれるんですが、楽しそうなのは練習に対する一生懸命な気持ちの表れだと思うんです。私に言われたからやるのではなく、自分からやらないと身にならないことを選手たちは理解しているんです。

練習が終わるときの気持ちの持たせ方も大事です。明日につながるように心に余力のある快い終わり方でなければいけません。私の三高時代はヘトヘトになるまで練習をやらされて、あげく最後にグラウンドを十周して来いという、ただ痛めつけられているような練習でした。十周と命じても監督は周回数などいちいち数えないから、ズルして七、八周くらいで終わらせて、「ああ、やっと終わった」とため息をつきながら、足も心も重くして部屋に帰っていたんです。

そんな虚《むな》しい練習を身をもって体験しましたから、どんなに苦しい練習でも、終わったあとは「ようし、やったぁ！」と明るくグラウンドから帰れるようにしています。たとえば、練習のフィニッシュは、グラウンドをだいたい十周走るんですが、選手たちの疲れ具合などを見て、「今日はすごくいい練習をしたから、十周を一周にするぞ」とほうびをやるんです。すると、選手たちは今日も十周走ると思っているから、「よかったぁ！」と飛び上がるように喜んで走るわけです。私としては十周を一周にするのは物足りないんですが、手綱をゆるめて、ゆとりを持たせて終わらせる。そうしたことが、選手たちを「明日も頑張るぞ」という気持ちにさせ、次につながるんです。

私が学生の頃は、練習が終われば合宿所の食堂でごろごろ寝っ転がりながら、山口《やまぐち》百恵《ももえ》や桜田淳子《さくらだじゅんこ》などのアイドル歌手のテレビを観《み》ながら時間を潰《つぶ》していましたが、いま、テレビを観ている選手などひとりもいません。食事が終わったら、みんなバットスイングの練習をしています。この復習ができるのも、一日の練習が余裕を残して終わっているからだと思います。

◎目標に向かって切り開いていくのは「自分自身」

三高の一般の生徒にしても受験して入ってくるわけですが、入学しただけで満足していたら自分の目標とする大学には行けません。野球も同じで、中学校のときは優秀な選手だったかもしれないが、甲子園を目指せる三高に来たというだけでは伸びません。

中学時代に好成績を残しながら、高校ではあまり伸びない選手がいます。まず考えられるのは、体力にまかせて成績を上げていたのではないかということです。同年代で飛びぬけた体格をしていたから投げるボールが速かったし、打球が遠くに飛んだ。

ところが高校になると、野球のレベルが格段に上がります。そのうえ自分の体の成育が頭打ちになり、周りが成長してきて、どんどん追いついてくる。中学時代は体力だけで通用していたから技能をおろそかにしてきた。それが、体力的な差がなくなった高校で、そのツケが回ってきて壁に当たり、それ以上の進歩がなくなったということでしょう。

だから、入部してきた一年生には、中学校のレベルは中学校のレベルだから、しっかりと練習することを命じます。前にも言いましたが、それもやらされる練習ではなく、自ら進んで取り組む練習でなければならない。「やらされている」と「やっている」とでは、上達に大きな差が出てきますから。

野球にしろ何にしろ、自分が目標に向かって切り開いていくものです。人に言われてやってみたけれど結果が出なかったなんて、そんなつまらないことはない。助言してくれる人はいるが、やるやらないを最終的に決めるのは自分自身であることを忘れてはなりません。

親に勧められて三高に来る選手がいます。それは別にいいんですが、しかしやるのは自分なんです。それを、「親が行けというから来たけど甲子園に行けなかった、来るんじゃなかった」と後悔してしまうのではあまりにも寂しい。三高に来てよかったと喜べるようにするのは自分自身なんです。

人生というと大げさかもしれませんが、世の中、何をするにしても自分の責任でやらなければならない。どんな小さいことでも、自分で決めたらやらないといけない。思うような結果にならないからといって人のせいにするような人生ではダメなんです。

自分から踏み出していかないことには結果を出せない。でも、それは自分で決める。結果も自分で出す。やるかやらないか、ふたつにひとつということでいえば、人間なんて毎日選択があるわけです。朝、目覚まし時計が鳴っても眠いとき、起きようか、

「やらされる練習ではなく、自ら進んで取り組む練習でなければならない」

それともまだ布団の中にいようかとグズグズしながらも、毎日起きるほうを選んで来ている。母親に起こされて、眠いと思ってもちゃんと学校に来ている。学校に行かなければいけないと思って、最終的に選んで登校している。これは母親に言われたからではなく、自分で選んでいるんです。つまり、自分が決めたことなんです。

やるというのは、そんな感覚でいいし、それほど難しいことではないと選手たちに言って、自分で決断することの大切さを教えています。

「心を育てる」教え方

◎掃除をすることで生まれる「連鎖」と「進歩」

関東一高時代の卒業式の話です。その頃は不良っぽい生徒が多かったから、毎年卒業式になると大変だったんです。担任が卒業証書の授与で、卒業生の名前をひとりひとり呼ぶんですが、卒業生が千人くらいいるので全員を呼び終えるまで二時間はかかる。だから、生徒たちは退屈して、私語を交わしたり、ふざけあったりして、先生や来賓《らいひん》の方が眉《まゆ》をひそめる見苦しい卒業式だったんです。

そこで学年主任だった私は、担任の先生方と協力して、「卒業式は教員のものでも学校のものでもない。君たちのものなんだから、思い出に残る卒業式にしようじゃないか」と生徒に話しました。すると、翌年、騒ぐ生徒はひとりもなく、名前を呼ばれた生徒はみんな素晴らしい返事をしてくれて、さわやかないい卒業式ができたんです。

当たり前のことなんですが、ちゃんと言えば感じてくれるんです。やらされている卒業式じゃない。自分のためのものなんだとわかれば、みんなやるんです。

「自分のためにやる」という気持ちをもとに、毎日の練習と同じくらい大事なこととして、選手たちに実行させているのが掃除です。関東一高で一年生クラスの担任になったとき、生徒に雑巾《ぞうきん》がけを提案したのがきっかけでした。

関東一高では教室の掃除はモップを使っていたのですが、それではあまりきれいにならないので、私のクラスは雑巾で拭くことにしたんです。学年で一番きれいな教室にしようと、放課後の掃除の時間になると、私も生徒と一緒になって雑巾がけをしました。すると、教室を汚す生徒がいなくなったんです。

汚れたものをきれいにするというのは、自分の行為によって、目の前のものが心地よいものに変化したということがすぐにわかるわけです。そして、掃除を続けていく中で、掃除をするときれいになる。きれいになると気持ちが良い。気持ちが良いから、また掃除をするという好ましい循環が生まれる。掃除できれいになってよかった、それならもっときれいにしようという進歩的な人間をつくるんです。

掃除は「自分の心を映し出す鏡」と言われますが、自分の外側、汚れたものをきれいにするだけではなく、自分の内面、つまり心をきれいにするもの、心を磨いて、心を高めていくものだと思うんです。その意味で、人を育てるうえで掃除は一番近道になるんです。

関東一高の野球部の選手たちにも、掃除を徹底して実行させました。

四年間野球から離れたあと監督に復帰したんですが、合宿所に行ってみると、部屋の中は汚れ放題。この合宿所は、一九八五年（昭和六十）に、関東一高創立六十周年を記念して、学校が建ててくれたんです。その年の夏の甲子園初出場でベスト8の成績を残したということもあって、私としてはすごく思い入れがあったんですが、壁や廊下はボロボロで、また辺り一面にタバコの吸殻が散らばっていたりと、もう手の付けようがない有様だったんです。

悲しいやら驚くやらで、その日すぐに選手たち全員を集めて掃除を始めました。選手に雑巾を持たせ、私が掃除の手本を見せながら、廊下、部屋、風呂《ふろ》、トイレと宿舎のすべての清掃に取りかかったんです。ブタ小屋のような宿舎の隅から隅までですから、相当な時間がかかります。それで一週間で全部きれいにしたら、練習を一日休みにすると約束したところ、目の前のニンジンが効いたのか、みんな目の色を変えて掃除し、宿舎は一週間で見違えるようにきれいになったんです。

話はちょっとそれますが、食事もみんな食べ方が汚いんです。箸《はし》使いなど高校生とは思えないほどひどい。それで食べ方も教えました。箸の上げ下げから茶碗《ちゃわん》の持ち方まで、そんなにうるさくは言いませんでしたが、高校生として恥ずかしくない程度の食事作法だけは身につけさせました。

当時、関東一高はバンカラ気風の男子校で、やんちゃはするんですが、みんな素直で純粋なんです。だから、やるときはやりましたね。とにかく掃除に関しては、「すべての基本」と教え、徹底的に実行させました。

もちろん、三高の合宿所でも、掃除は絶対欠かせない日課になっています。キャプテンが中心になって分担表をつくり、Aグループは廊下、Bグループはトイレというふうに、選手全員で動いています。掃除も、自分たちのグループがトイレだったらどんなふうにきれいにするか、どこから清掃するのが効率的か、などみんなで工夫しながらやっています。

◎「いい子」が育ったっていいじゃないか

掃除をすると気持ちが良いし、心もきれいになる。すると心が広がり、人にやさしくなれる。日々の掃除の効用なのか、自画自賛するようですが、三高の選手はみんなやさしくていい子なんです。悪い子は誰もいないんです。だから、試合の出場登録メンバーを選ぶときは、とても悩みます。

二十人のベンチ入りメンバーを家であれこれ考えながら選ぶんですが、いつも十五人から先がなかなか決まらない。

「あいつとこいつ、どっちかなあ？　ポジションだとあいつなんだけど……」とブツブツ言って決めあぐねていると、妻が見かねて横から「その子はどういう子なの？」と聞いてくる。

「ああ、いいやつだよ」

「じゃこの子は？」

「こいつもいいやつだよ」

「お父さん、みんないい子じゃ決まらないじゃないの」

「でも、みんないいやつなんだよなあ。落とせないんだよなあ」

こんなバカみたいなやりとりがひとしきりあって、あきれた妻から最後に言われるんです。

「お父さん、もう登録のメンバー表を家に持って来るのやめてね」

ですから、なるべくメンバー表を家に持ち込まないようにしていますが、私の中には悪い子がいないんです。欠点もあるが、それを帳消し以上にする長所もある。そんなわけでメンバー発表の時期は、頭が痛いんです。

こうして苦しみながらメンバーを登録するんですが、それで夏の試合に負けると、私の小心な性格ゆえでしょう、自分の人選ミスではなかろうかと、反省ばかりで落ち込んでしまう。そんなとき、消沈した私を慰めるかのように、三年生の選手たちが練習の手伝いに来てくれるんです。

夏の試合が終わって、もうグラウンドに来なくてもいいのに、下級生のフリーバッティングにボールを投げてくれたりと、練習に付き合ってくれるんです。その姿を見て、こんなに素晴らしい選手たちなのに、なぜ勝たせてやれなかったのか、何で甲子園に連れて行ってやれなかったのかと、また落ち込んでしまうんですが。

私が三高生の頃は、三年生の夏が終わると、もうグラウンドには行く気が起きませんでしたから、毎日のようにグラウンドに来て下級生たちを手助けする彼らを、心底偉いと思います。うれしいし、幸せです。

そして、卒業して大学に進学したあとも顔を出してくれるんです。本当に感心します。選手たちは練習が終わったあとに食べるアイスが楽しみなんですが、そのアイスを買って持ってきてくれるんです。まだ働いていないのだから気を遣うなと言っても、自分たちも先輩が差し入れてくれたアイスがうれしかったからと、小遣いを出し合って買ってくる。だから合宿所の冷蔵庫は、「ガリガリ君」とかでいつも一杯なんです。

春の選抜に出たチームというのは、甲子園で目一杯戦った疲れが出たりして、どうしても五月、六月に勝てないときがあります。でも監督というのは、「春に出たから夏はどうでもよくなってるんじゃないのか」「夏はもう休みたいと思ってるんじゃないのか」とつい言いたくなる。選手は必死に頑張っているし、勝てなくて苦しんでいるんですが、集中力が足りないとか、やる気がないとか言って、選手をとがめてしまうんです。

春の選抜が終わって、夏に向けて練習していたときです。練習試合で、なかなか勝てない試合が続いていたので、手伝いに来ていたOBの大学生たちにぼやいたんです。「ウチの選手、夏なんかどうでもいいって言ってるんじゃないか。この頃、全然結果が出ないし、投げてるんじゃないのかな」

すると、大学生たちが「いや、そんなことないです。監督と一日でも長く野球をやりたいって話してますよ」と言うんです。

それを聞いて、叱らなくてよかったと思いましたね。もし叱っていたら、一生懸命にやっている選手たちにすれば、なんで怒られなきゃいけないのかと、選手との間に溝ができていたかもしれません。

大学生たちはグラウンドの手伝いばかりか、私と選手たちの心の橋渡しもしてくれているわけで、こんなところでも彼らに助けられているんです。

「三高の選手はいい子すぎるんだ」という批判めいた話を、ときどき耳にします。見た目、都会っ子特有の行儀の良さ、おとなしさを感じるからかもしれません。そして、何よりも思うのは、甲子園で成績を残している割には大学や実業団、プロで活躍する選手が少ないと認識されているからでしょう。

しかし、開き直っているように取られるかもしれませんが、「いい子に育って何が悪いのか」と思うんです。というのも、何も野球だけが人生の選択じゃない。人生の答えはいろいろある。三高のグラウンドで過ごした三年間は、卒業したいまも彼らは誇りに思っていると信じているし、三年間に培《つちか》われた〝三高の特質〟が、これからの人生のかけがえのない宝になると思っているからです。

◎高校で燃え尽き症候群にさせない

冬の強化合宿に代表されるように、私の指導は選手たちにとって厳しくつらいものですが、にもかかわらず選手たちのほとんどが卒業して進学したあとも野球を続けます。それが、私の密《ひそ》かな自慢にもなっています。

レギュラーで活躍した選手だけでなく、三年間ずっと補欠だった選手も、自分のレベルに合った大学の野球部を探して入るんです。他校の監督さんから「卒業しても、みんな野球をやるって素晴らしいですねえ。うちなんか力のある選手でも、もういいよってやめちゃうんですよ」とうらやましがられるんですが、選手全員が野球を好きになって卒業していくんです。

私などは肩を痛めたこともあって、野球の楽しさなんてなかったですから、卒業と同時に「もう十分やりました」と気持ちを断ち切ってしまいましたが、三高の選手たちはやり切ったからもうやらないというところで終わらない。やり切ったというより、それ以前の野球が好きだという気持ちの延長で、野球を続けるんでしょう。

監督としてみれば、あまり強くない大学でも、とても入部は厳しいと思う選手がいるときもあります。入部は難しいから、大学では野球をやらないほうがいいと助言したくなる選手もいます。しかし、続けたいと望んでいる以上、無下《むげ》に突き放すわけにはいきません。そこで、私がその選手の力に見合った大学にお願いして、野球推薦で入学できるようにしているんですが、どうしても野球を続けたいという熱意があるせいか、大学でもそれぞれみんな真剣に打ち込んでいます。

三高では、野球部のスポーツクラスは私が各中学校の生徒に呼びかけたり、生徒のほうから推薦枠の中で入学式の前から入部してくるんですが、一般入試を経て入学後に自分から入部してくる生徒もいます。合宿所に入らず、通いで練習に来る、実力的にもとてもベンチ入りなどできるようなレベルではないんですが、その生徒たちも、みんな卒業後も大学で野球を続けるんです。

この選手たちの強い気持ち、持続力は、自分からやりたい野球、自分のための野球を三年間学んできたからだと思います。

私にさせられてきた野球なら、二年もしないうちに「野球はもういいや」と腹いっぱいになってしまう。高校でいわゆる燃え尽き症候群になってしまうんです。それでは何のための高校生活だったのか意味がありません。

大学に入るために猛勉強しておきながら、いざ大学に合格すると「勉強はもういいや」と学業を放《ほう》り投げて遊びに夢中になってしまうようなものです。ですが、言うまでもなくそこがスタート地点であって、そこから面白くなるんです。

だから、大学に行っても、また社会人になっても、あるいはプロの道に進んでも、野球への情熱を持ち続けていてほしい。高校で「疲れたから、もうやめよう」と思わせたくない。野球を好きなまま、余力を残して卒業させてやりたい。

野球を好きなまま卒業する。私が選手たちに厳しくも楽しい野球を求めているのも、卒業したあとも、「日大三高野球部の出身です」と胸を張って言わせてやりたい、そういう思いがあるからで、それが三高のひとつの伝統になってくれたらいいと思ってるんです。

第三章

逆境から学ぶ

高校野球の監督という生き方

◎監督人生の原点を築いた関東一高

日大三高で二度の優勝を経験させていただき、いまでこそ素晴らしい高校生たちに囲まれて充実した野球生活を送っていますが、私の監督人生は決して順風満帆《じゅんぷうまんぱん》ではありませんでした。ここでは関東一高監督就任から現在に至るまでをいろいろお話しさせていただきます。

三高での優勝は自分が関東一高で若くして監督を務めたという経験がすごく大きかったと思います。私が三高で野球をやっていた選手時代は副キャプテンでしたが、背番号13の控え選手でした。また、肩を痛めたということもあって、大学に行ったら野球はやらないと決めていました。まあ四年間、ふつうに授業に出て、あとは楽しく遊ぼうぐらいの感覚だったんです。そんなところへ三高の先輩から、手が空いてるんだったら三高のコーチとして手伝いに来いと言われたんです。

だから引き受けこそしたものの、なんで自分が合宿所に泊まって学生と一緒に練習しなければならないんだ、なんで自分がこんなところにいなければならないんだと、いつもやめたいやめたいと思っている、そんな感じだったですね。そのときの監督は元拓大紅陵《たくだいこうりょう》高校野球部監督の小枝守《こえだまもる》さんだったのですが、いま思えば、小枝さんには迷惑をかけたなあ、戦力になってなかったなあ、とすまない気持ちです。

そんなやる気のない学生コーチでしたが、大学四年の十二月に、大学を卒業したら、そのまま三高にコーチで残れと言われたんです。しかし、当時の三高野球部は三年くらいで監督が交代していた頃で、小枝監督がその年の秋には交代ということになってしまい、自分も残れなくなってしまった。自分としてはコーチを続ける気でいたので、就職浪人になってしまったんです。

そのときは、ひどい人たちだなぁと思いました。監督のカラーの一掃で私もお払い箱になったわけですが、私の人生をどうしてくれるんだと、本当に腹が立った。ＯＢの中には、どこそこの学校でコーチを探しているからどうだ、と声をかけてくれた人もいましたが、ともかく若くして経験した人間不信でした。

結局そのあと、半年ほど就職浪人をするのですが、いま考えてみるとその半年間がいい勉強になりました。コーチとして三高に残れないのを知った人たちが、就職先がないのなら自分のところで仕事をしないか、と声をかけてくれたんです。

三高の合宿所に肉を卸している肉屋の社長からは「一緒にミミズの養殖をやらない

っていたんです。ミミズの養殖のことなんてまったくわからないんだけど、就職の当てなどなく、将来に不安を感じていたので、二つ返事で飛びつきました。

　ところが、野球を通じて親しくしていた歯医者さんから「何言ってるんだ、ミミズの養殖なんてやるんじゃない」と怒られましてね。そして、学習塾を開けと言うんです。一応教職課程は取っていましたし、四年間のコーチ時代に合宿所の選手たちに試験前の勉強を教えたりもしていましたが、それぐらいの経験では教師なんてとても無理です。断ろうと思っていたんですが、駅前のビルに部屋を借りてやるから、そこで教室を開けとまで言ってくれたんです。

　いろいろ考えた末、やっぱり自分はノックバットを振っているほうが合っているのでは、と思い直す気持ちも働いて、結局、ミミズの養殖も学習塾もお断りしたんですが、こんな中途半端な青二才を買ってくれる肉屋の社長もありがたかったし、歯医者さんのこともうれしかったですね。人のやさしさや思いやりを学んだ半年間でした。

　先ほども言ったとおり、大学で教職課程は取っていたので、教員の採用試験を受けるためにもう一度勉強しなおそうと思い、千葉の実家に帰りました。教員試験は七月なんですが、その年に受けたところ不合格で、それでは、そのまま腰を据えて合格す

「関東一高で若くして監督を務めたという経験が大きかった」

るまで頑張ろうと、家の農業を手伝いながら勉強していたわけです。そんなときあるOBから、関東一高でコーチを探しているという話が来たんです。

実は関東一高は、三高の監督だった小枝さんを監督として引っ張りたかったらしいんです。翌年の四月、年度が替わるときに小枝さんを呼ぶことにして、それまでの間、小枝さんの下でコーチをしていた私に、小枝カラーをチームに植え付けさせておこうという段取りだったようです。

ところが、小枝さんは「東京では監督はやらない」と言って、私に監督の座を譲ってくれたんです。私が十二月にコーチとして入ると、すぐに小枝さんが理事長に「小倉に指導者としてやらせてあげてほしい」と頼んでくれたと聞きます。そして、小枝さんはいまの拓大紅陵に行ったんです。

関東一高もこれから甲子園を目指すという前途ある学校でしたから、そんな学校で指導できるチャンスなんて滅多《めった》にない。やりがいのある環境に入れたというのは、ひとえに自分の運の良さだと思います。

学生コーチを四年間経験してから関東一高で監督になったわけですが、だからといって何があるかと言ったら、正直言って何もない。そこで関東一高で監督とはどういうものなのか、何をすべきかということを一から考えました。それがよかった。やることなすことすべて挑戦でしたから、指導者としての出発は関東一高と言えます。

◎「打倒！　宿敵・帝京高校」の強い思い

私が関東一高の監督に就任した頃、東東京で一番の強敵は帝京高校でした。監督は名将と称《たた》えられる前田三夫《まえだみつお》さんで、一九七八年（昭和五十三）の春の選抜で初出場すると、二年後の同じ春の大会では準優勝を飾るなど、メキメキ力を伸ばしていたんです。その後も毎年のように春か夏のどちらかの甲子園に出場するという、東東京地区百四十校の前に立ちはだかる大きな壁でした。

私が監督になった三年目の八三年（昭和五十八）、夏の東東京大会決勝で関東一高は帝京高と対戦しました。試合は2－3で惜しくも敗れました。あと一歩のところで甲子園出場を逃したのですが、この対戦で選手たちの確かな成長を感じ取りました。

しかし、帝京高も関東一高の進歩に危機感を募らせて、さらに力を養ったのでしょう。なかなか帝京高の壁を越えることができなかった。八四年（昭和五十九）は秋の東京大会で対戦し、1－10で惨敗。翌年の春は互角の勝負と思っていたのですが、その東京大会決勝で再戦してまたしても敗れました。

この試合も2－9の完敗だったんですが、点差以上に相手に思うようにやられた試合でした。帝京ナインはホームランを打つたびに、選手たちを挑発するように派手なガッツポーズをするんです。

「お前らなんかうちの足下にもおよばねぇよ」

そんな見下しているような態度に腹が立ったんだと思います。悔しさのあまり選手がグローブをグラウンドに叩《たた》きつけたんです。また、それを審判に注意されて。二重の悔しさを味わって選手は惨《みじ》めでした。でも、落ち込む選手たちに、私は負けた事実を突きつけて叱咤《しった》するしかありませんでした。

「弱いから負けたんだよ。悔しかったら強くなって帝京に勝てよ！」

その日から、「打倒！　帝京高」を掲げて猛練習に励みました。そして八五年（昭和六十）の夏の東東京大会でチャンスがやってきました。決勝戦に進出し、帝京高と対戦することになったんです。

試合の数日前の夜です。東東京大会予選の模様をテレビで放送するというので、合宿所の食堂に選手を集めました。準決勝までの自分たちの試合を振り返り、反省点などを話し合って、帝京高との決勝戦に備えようと思ったのです。

ところが、番組は関東一高の試合についてはほとんど触れず、帝京高校の話題ばかり。優勝候補の一番にあげられていたからですが、選手たちはがっかりを通り越して憤《いきどお》りました。さらにインタビューに出た前田監督が関東一高の印象を聞かれ、まだ帝京高の相手でないというような答えをされたものですから、選手たちは完全に頭に来てしまいました。大人気《おとなげ》ないのですが、私も怒りが込み上げてきましてね。

神宮球場での決勝当日、まだ腹の虫が収まらない私は、試合前に選手たちに「お前たちの好きなようにやれ」と言いました。今から思えばバカみたいな考えなんですが、選手たちの怒りが力に変わって、実力以上の結果を引き出すのではないかと期待したからです。

選手たちは私の言葉をそのまま受け取って、本当に好きに戦いました。関東一高が得点するとベンチから飛び出してガッツポーズをつくり、相手ベンチの前田監督に対し、「コラッ、前田、ちゃんと考えてやってんのかよ！」などと暴言を浴びせる。春のうっぷん晴らしなんですが、「好きなようにやれ」と言った手前、申し訳ないですが私も苦笑いをしながら見守るしかなかったですね。

試合は七回まで４－３で、関東一高がわずか一点リードの接戦でしたが、八回に打線が爆発して八点を奪いました。九回に二点を返されましたが、12－５の大差で帝京高を破り、悲願の甲子園初出場を決めたんです。

甲子園行きの切符を手には入れましたが、しかし、このままではすみません。試合の翌日、帝京高に対する選手の振る舞いを謝罪するために渋谷にある高野連の東京事務局に行きました。頭を下げて詫《わ》びたのですが、理事長が「あれくらいの元気がないと甲子園には行けないんだろうな」と理解を示してくれたんですね。でも同時に「甲子園であんな行動を取ったら、叩かれて二度と出られなくなるからな」と釘《くぎ》も刺されましたが、ともあれ理事長が大目に見てくれてホッとしました。最悪の場合は、秋の大会の出場辞退も覚悟していましたからね。若気の至りで軽はずみな行動を取ってしまいましたが、でも強敵の帝京高を破っての甲子園初出場は、これから監督としてやっていけるという、大きな自信になりました。

いま、こうして振り返ってみると、三高の学生コーチのまま残って監督をしていたら、三高イズムをそのまま受け継いでいたかもしれないので、関東一高の監督をすることで自分の野球がつくれたのかなと思います。周りから言われた三高の野球をそのままやらされて、監督としても納得しないでクビになってどこかに行ってしまっていたかもしれません。

関東一高で監督を十二年務め、その間に甲子園出場四回と準優勝一回の成績を残すことができましたが、小倉流の野球理論というものが仮にあるとすれば、その基礎は関東一高で築かれたと思います。

監督辞任と復帰

◎ひと夏の敗戦で突然のクビ

このようにして、拓大紅陵高の小枝監督の推薦で関東一高の監督に就任してから五年目、関東一高は甲子園初出場でベスト8に進出する成績を上げ、その二年後の春の選抜では決勝に進み、元中日の立浪和義《たつなみかずよし》選手や元巨人の橋本清《はしもときよし》選手を擁する強豪のPL学園に敗れはしたものの準優勝を飾りました。

この二大会の成績で関東一高の名は全国に知れ渡り、夏の甲子園への期待はおおいに高まりました。ところが、そんな周囲の声が肩に重くのしかかったのか、東東京大会の予選で修徳《しゅうとく》高にコールド負けを喫し、あえなく甲子園出場の道は絶たれてしまったのです。

春の選抜準優勝から一転して、夏の地区予選敗退。無様《ぶざま》な敗戦に学校は期待を裏切られた思いだったんでしょう。校長からこっぴどく怒られました。野球部のOBは「ここがダメ」「ここを直せ」と口をはさんできて、校長は私に相談なく勝手に新しいコーチをスカウトしてきて入れました。当然、新コーチとは意見が合いません。監督を続けられない空気になって、その年の暮れに監督を辞《や》めたんです。

辞表を出しましたけど事実上のクビでした。口さがない人がいろいろ校長に吹き込んだようですが、正直、激しい怒りを感じました。「こんなことでクビにされるのか。高校野球っていうのは、この程度のものなのか」と、失望もしました。

チームを五年かけて鍛え上げ、もう一歩で優勝に手が届くまでになったのに、それがたったひと夏の敗戦で監督を辞めさせられたのです。

監督を辞めると、チームを強くしたいという地方の高校からいくつか誘いの声がかかりました。それは大変ありがたかったのですが、しかし、妻と子どもを連れて新しい土地に行く決心がつきませんでした。社会科の教師でもあるので、結局、このまま一教師として学校に残ることに決め、野球から離れた教員生活を始めたのです。

甲子園出場の熱が冷めたのか、周囲から野球の話が聞こえなくなった、そんなある日のことです。同僚と一緒にスナックに飲みに行ったんです。店に入ってソファに腰を下ろすと、カウンターの中からママがいきなり言うんです。

「関東一高野球部の監督さん、お金を使い込んでクビになったんですって？」

私たちが関東一高の教師ということを知っていて聞いてきたんですが、その学校の監督がまさか目の前にいるとは思わなかったのでしょう。ショックでした。私が突然監督を辞めたことがあらぬ噂《うわさ》を呼んでいたんです。何も悪いことをしていないのに、世間はそんな目で自分を見ているんだと、すごく傷つきました。

この出来事を境に、二度と野球に関わらないと心に決め、グラウンドにも一切近づきませんでした。スポーツ刈りだった髪もソフトパーマの髪型に変えました。まだ野球に未練があると思われたくなかったからです。意識して野球から逃げていましたね。

◎勉強になった四年間の教員生活

野球から離れた教員生活を四年したあと、監督に復帰することになるわけですが、その四年間は、妻と二人の娘と、土曜日日曜日、夏休み、冬休みと、目一杯遊んでいました。とくに長い夏休みを娘と一緒に毎日のように自宅からほど近い九十九里《くじゅうくり》へ海水浴に行きました。

娘はスイミングスクールに通っていたんですが、そのスクールで、インストラクターが水の怖さをなくすために、手取り足取り水泳の楽しさから教えているのを見て勉強になりました。投げ、打ち、守ることが当たり前の技術としてきた野球部の選手たちに対しての指導の考え方が変わりましたね。

あとで監督に復帰するためのいい充電期間を過ごしたのではないかと聞かれること

があります。確かに野球の勉強は一切しませんでしたけど、貴重な財産になりました。

教師生活で担任を経験したことも、とてもプラスでした。

監督を辞めた一年目は教科担当、二年目に担任、三年目から二年間は学年主任になり、二年生、三年生を受け持ちました。一回も卒業生を出した経験がない学年主任でしたから、初めから勉強することが多く大変でした。でも、忙しいながらも生徒と過ごす毎日は充実していましたね。

関東一高では、生徒が全員進学するわけではありません。進学組と就職組、卒業しても、いまで言うニートでいるという生徒もいてバラバラ。野球部は下手《へた》であれ何であれ、甲子園に行きたいという共通の気持ちがあったのでまとまりやすかったんですが、そうしたいろいろな生徒をまとめていく難しさを学んで勉強になりました。

関東一高は、試験で赤点を取ると何度も追試をやってくれるんです。でも、下町の男子校の気風なのか、追試を受ける生徒のほうが威張《いば》っていて、「こんなのできねえよ」なんて拒む生徒もいるんです。すると、教科担当の先生が困って、「試験を受けないんですよ、小倉先生。これじゃ卒業できませんよ」と、学年主任の私に相談に来る。そこで私が生徒をぶっ飛ばして、「お前、卒業したくないのか？　先生に頭を下げて、ちゃんと試験を受けろ！」と先生のところへ引っ張っていく。最後には先生のほうが困って、「そこまでしなくてもいいです」みたいな感じになったりしましたね。

そんなふうな、保護者から苦情が出そうな荒っぽい指導もありましたが、そこは男子生徒なので、サッパリしていましたね。私に引っぱたいてもらって卒業できたという感謝の気持ちを持ってくれる生徒もいます。悪ガキが多かったですけど、そんな生徒たちと新小岩の駅でばったり会ったりすると、バカっ話などしながら肩を並べて一緒に学校へ行く。それなりに生徒と通じ合っていた学年主任だったと思います。

四年間、そんな教員生活を送っていたんですが、その間に野球部の成績がかなり落ちてきて、さらに生活面も乱れてきて、学内の教員の中にも、私の監督復帰を願う声が上がってきたんです。そのとき、私が辞表を出したときの校長はまだいたんですが、理事会として私にまた監督をお願いしたいということになり、今回受けてくれたら、いつ辞めてもいいし、また何年続けてもいいから、この四年間のことは水に流して何とか承諾してくれないかと、頭を下げてくれたんです。

謝ってくれたからというわけではありませんが、お願いしたいと言われて断る理由はありません。チームを立て直す苦労は大変だと思いましたが、家内に相談せず、監督を引き受けました。野球とは縁を切った気持ちでいたんですが、野球バカと言いますか、やはり未練があったんだと思います。

母校日大三高でゼロからのスタート

◎名門復活へ突然の監督オファー

一九九二年（平成四）の十二月に、私は関東一高の監督に復帰しました。私が監督を辞《や》めたあと、野球部の成績はどんどん落ちる一方で、私にチームの立て直しを託されたのです。その頃、三年生の学年主任をしており、そちらの教務もあって、グラウンドに出て指導する時間がなかなか取れませんでした。すると、事情を知った教え子たちが助け舟を出してくれ、練習を見てくれることになったんです。

教え子たちの支えを受けて、まず選手たちの乱れた生活面から徹底的に叩《たた》き直しました。合宿所に行くと、部屋はボロボロ。壁や廊下が抜けていたり、押入れからタバコの吸殻が山になるほど出てきたりするありさまでしたから。

その効果はすぐに試合に表れました。翌年の夏の東東京大会で決勝まで進んだんです。決勝戦では、惜しくも修徳高に6－7で敗れましたが、その試合の内容から、いずれ甲子園の切符を手にいれることができるのではないかという手応《てごた》えを感じました。もっとも、それが早くも次の年に現実になろうとは夢にも思いませんでしたが。

九四年（平成六）の夏の東東京大会決勝戦で実力校の帝京を接戦の末下し、甲子園出場を果たしたのです。甲子園大会では、一回戦で長崎北陽台《ほくようだい》高に敗れましたが、甲子園大会まで勝ち進めたということで、関東一高野球部の力が再び認められるようになり、私も監督としての自信を取り戻しました。

そして、さらに上を目指して精進《しょうじん》していた九七年（平成九）の冬のことです。母校の日大三高から、突然、監督のオファーが来たんです。まったく予期しないことでした。その頃の三高は、春の選抜は何回か出場できていたんですが、春に比べて、より実力が必要とされる夏の甲子園にはなかなか出ることができず、関東一高を立て直した私に助けを求めてきたんです。

そのとき、「よし！」と意気に感じた一方で、「いや、ちょっと待て」と押しとどめる気持ちも働き、そのふたつが交錯して悩みました。よくよく考えた末、母校からの招聘《しょうへい》を受けることに決めたんです。

決断するまでに、いろんな人が意見を言ってくれました。

「三高で勝てなかったら、また苦労するよ。何を言われるかわからないぞ。それなら関東一高を甲子園で準優勝させたんだから、それをタイトルにして残ったほうが楽だぞ」

「三高に行って、強いチームを復活させろよ、母校なんだから。それをしなきゃ男じゃないよ」

なかには、「三高に行って結果が出なかったら、関東一高で甲子園に出たのも、そのときの選手がたまたま出来が良かったからじゃないのか、ぐらいで終わっちゃうぞ」と言う人もいました。

確かにその通りかもしれませんが、関東一高で結果が出たのは選手たちと一緒になって泥まみれで練習した私にしかわかりません。

世間が何と言おうと、私の中で「全力を尽くした」という気持ちがあればいいんじゃないか。そういう思いが強くあったので、だったら三高に行って、関東一高よりもプレッシャーが強いけど、やることはやろうと。

それで結果が出ないのならば、潔《いさぎよ》く納得して、クビならクビでいいかなと、一歩踏み出して三高に行くことを決めたんです。挑戦しないことには結果が出ないですから。再びゼロからのスタートでした。

◎自ら一歩を踏み出せば失敗しても納得できる

こうして三高の監督を引き受けたんですが、そのときの心境は、関東一高で監督に復帰したときと同じです。

関東一高で四年間野球から離れていたときは、もう二度と野球などするものかと心に誓っていました。懸命に頑張ったのに結果が出なければクビなのか。高校野球というのは汚いと憎んでさえいました。確かに学校の経営を考えたら結果が出ないのはまずいということはわかりますが、こんな次元なのかという落胆の気持ちがあった。でも、もう一回やってほしいと請われたときは、どうしようかと迷いながら一歩踏み出す決断をした。

クビになったときの不信感や、野球を遠ざけていた四年間が全部自分の中にあって、そのうえで、自分で踏み出さなければ結果が出ないいんじゃないかと思ったんです。関東一高で一度クビになっているから、三高に行っても勝てなかったらクビでいい。

「三高でまたクビになったら九十九里に戻って、いわし漁船にでも乗るよ」

妻にはそんな冗談を言いましたが、関東一高にとどまるにせよ、三高に向かうにせよ、どちらにしてもリスクが伴う。チャレンジしないで悔いを残すよりは、やれることはやって、そのうえで失敗しても納得できる、そう思ったんです。

三高を選んだのは、母校だったことも大きな理由のひとつです。母校の野球を復活させたいという熱い気持ちがあったからですが、さらに三高なら鍛えれば甲子園に行けるという自信があったからです。

監督の依頼が来たとき、三高が常勝チームだったら断っていたでしょう。甲子園に毎年のように出ていて、今年で監督が辞めるので、そのあとを頼みたいというような話だったら、関東一高に残っていたと思います。それに、関東一高で甲子園準優勝の実績を残していることを考えれば、必ず甲子園に行けると、自分では計算していました。グラウンドや設備など練習環境にも恵まれていたし、かなりの自信がありました。

また、これが他の学校だったら、いまさらいいよって思ったでしょう。だから、その学校である程度成績を残された監督さんが定年で辞めたあと、実績ゼロの無名校に行かれることがありますが、あのパワーは尊敬します。自分にそんなパワーがあるかどうか正直、疑問です。

三高に行ったのは、自分なりに目論見《もくろみ》があったからですが、関東一高のときも三高のときも、自分はすごくついている監督だとつくづく思いました。

関東一高で監督になったときは、まだ甲子園に一回も出ていない学校でした。その甲子園に出たあとクビになり、四年離れて戻ったときは、甲子園に出たときよりもレベルが落ちているチームをまた見ることになるわけです。つまり、ダメでもともとのチームを預けられているのでやりやすい。そういうチームにめぐり合っていることは、

「母校の野球を復活させたいという熱い気持ちがあった」

自分のツキだと思うんです。

三高の場合も、私が来る前は、二年間まったく勝てなかった。OBとして見ていて、「何をやっているんだ。もう少し考えてやれ」と叱《しか》りつけたいくらい弱かった。それが、私が監督で行ったら、やればやっただけの結果が出てくる。そういう不思議なめぐり合わせがあるんです。

加えて三高は素晴らしい練習施設を持っている。にもかかわらず結果の出ていないチームに来るというのは、指導者としてとてもやりやすいんです。このめぐり合わせは何なのか自分でもわかりませんが、運のいい男だと思います。

三高の大先輩・根本陸夫氏の教え

◎「野球を離れた小倉を見てもらえ」

関東一高の監督をクビになって世間から冷たい視線を浴びていたとき、くじけそうな心を支えてくれた恩人がいました。三高野球部の大先輩で、広島、西武、ダイエーの監督を歴任した根本陸夫《ねもとりくお》さんです。私が三高で学生コーチをしていた頃、根本さんの長男と次男が三高の野球部に所属していた縁もあって、日頃から根本さんにお世話になっていました。

監督をクビになったとき、当時、西武ライオンズのスカウト部長をしていた根本さんが、「いい勉強をしてるじゃないか。野球を離れた小倉を見てもらう、こんないいチャンスはないぞ」と言うんです。そのとき、私は三十歳で、まだ若い気持ちでしたから、ユニフォームを脱いだあとのことなど見当もつかず、冗談がきつい人だと思いました。バカにされたような気にもなって、「だったら、西武グループに入れてくださいよ」と、真剣に口に出かかったほどです。

その言葉の意味を理解したのは、監督を辞《や》めた四年後でした。監督という肩書きがなくなったら、付き合いが迷惑なように離れていった人がいました。逆に、監督でなくなってもそれまで以上に親しく付き合ってくれた人もいた。そして世間からも、監督のユニフォームを脱いだ瞬間から、私に対する厳しさを見せてもらいました。

「野球がなくなって小倉という人間が本当に評価されれば、また新しい道が拓《ひら》けるだろうし、もう一回監督の声がかかるはずだ」

根本さんは、そう言って励ましてくれたのですが、それが現実になりました。それから四年後、再び関東一高の監督に就任することになったのです。

そのあとに三高野球部のOB会で顔を合わせたとき、「おかげさまで、また監督をやるようになりました」と挨拶《あいさつ》すると、「そうか、頑張れよ。野球人ってのは野球を取られると死んだようになっちゃうんだよ。世間の人間もそうだけど、やりたいようにやってられるやつってそうそういないんだよ。いい経験になったな」と励ましの言葉をいただきました。

根本さんには、こんな助言ももらいました。

最初に関東一高の監督になった一年目二年目は、中学校へ選手のスカウトに行っても、関東一高は実績のない無名校だったので、優秀な選手をなかなか送ってくれない。そのことで愚痴《ぐち》をこぼしたら、根本さんにこう言われたんです。

「弱い学校がいい選手に声をかけたって来るわけないだろう。お前がこの子なら育てられる、この子だったら自分の下で伸ばすことができるっていう、そういう目を持てばいくらでもいい選手は見つかるんだ。お前の目を磨け」

世間からは評価されていないが、鍛えれば伸びる有望な子はいっぱいいるし、そうした子を探して育てる。無名だった学校のことはともかく、まだ何の成果もあげていない新米監督の私には、目からウロコの、ピッタリのアドバイスでした。

◎「楽しいことからやらなきゃ野球は上手くならない」

根本さんからは、野球の技術論も学びました。

私が三高の学生コーチだった頃、野球解説者をしていた根本さんが、ときどきグラウンドに顔を出していたのですが、そのときに教わったのが「指導者は辛抱だ」です。

選手は、自分の教えたことがそのまま目に見えるように成長していくようなことはない。どれだけ同じことを言い続けることができるか。それを、見た目で上手《うま》くならないからもうやめた、次のことを教えよう、では選手を育てられない。だから指導者は辛抱が必要だということを説かれました。

また、指導者は自分のできることだけ教えればいい。できないことまで教えようとすると選手がついてこなくなる。だから、できることを自信を持って教える。そして、できないことは教えられるようになるまで身につける努力をする。ということも仰《おっしゃ》いました。つまり、指導者は選手と同じ目線で我慢強く教えていくことが大事だということでしょう。

今の野球に通じることも話されていました。ピッチャーの勝負球は、だいたい低目のボールを投げるので、キャッチャーは後逸を防ぐためにボールを体で止める。それはいまではバッテリー間の基本になっていますが、根本さんはすでに、ピッチャーの練習ではキャッチャーに面やレガース、プロテクターを全部着けさせて、ピッチャーには低いボールを投げることを勧めていました。

当時の高校野球の練習では、キャッチャーは面さえ着けていませんでした。ピッチャーからワンバウンドのボールが来ると、仏頂面《ぶっちょうづら》して「いい球投げろよ」などと言ってボールを返していたんです。根本さんの教えを受けて、私はこの練習法をすぐに採り入れました。

そのとき、根本さんが面白いことを言ったのを覚えています。

「ワンバウンドのボールが来ても止めればいいんだ。ワンバウンドは打たれないだろ?　打てるやつはいないだろ?」

　確かにその通りです。その頃はトレーニングの方法がまだ確立されておらず、ただ走れ走れで、下半身を鍛えることが重視されていました。しかし、根本さんは懸垂《けんすい》や鉄棒のぶら下がり運動をすることで下半身が強化されるし、手首も鍛えられるとも話していました。ボールを投げるにしても、バットを振るにしても、手首が肝心だと考えたからで、それはいまの野球に通じるところがあります。

　三高の学生コーチや関東一高の監督の頃に受けた根本さんの教えは私の野球の基本になっています。野球を離れるのはいい勉強だ、というアドバイスだけでなく、野球の技術に対しても、その頃説かれたひと言ひと言が私の野球観を変えました。三十年以上前ですが、かなり斬新な理論でした。

　その頃は、高校野球というと、高校生だからこうでなければならないという型にはめてしまうことが多かった。たとえば、野球イコール守備。守備を鍛えなければ野球じゃないという意識が強かった。しかし、根本さんは「もっとバッティングをさせろ。バッティングは一番楽しいだろ?　楽しいことからやらなきゃ野球は上手くならんよ」と唱えるなど、既成の概念にとらわれない、先見の明を持った野球人でした。いわば野球人生の師であり、その才能に出会ったことも、大きな財産のひとつになっています。

悔しさから学び取ること

◎采配ミスで負けた早実との決勝戦

試合に負けると悔しいのは選手も監督も同じですが、とりわけ監督にとっては、眠れないほど悔しい思いをした敗戦がひとつやふたつあるものです。私の場合は、二〇〇六年（平成十八）の西東京大会決勝で早稲田《わせだ》実業に敗れた一戦です。いままで負けた試合の中でも、あの悔しさといったら！

早実《そうじつ》のピッチャーは、ハンカチ王子のニックネームで一躍甲子園で脚光を浴びた、現在北海道日本ハムファイターズに在籍している斎藤佑樹《さいとうゆうき》君です。彼には前の年の秋季東京大会準決勝では完封され、屈辱的な負けを喫していました。その敗戦から「打倒！　斎藤」をスローガンに掲げて猛練習をし、今度は勝てるという手ごたえを密《ひそ》かに感じていたんです。

三高は初回、立ち上がりの不安定な斎藤君から連打を放って、二点を奪うという幸先のいいスタートを切りました。そして三回に一点を追加。しかし、そのあとは立ち直った斎藤君が好投し、なかなか追加点が取れません。

逆に六回まで小刻みに三点を返され、3－3の同点にされると、そのまま膠着《こうちゃく》状態が続き、勝負は延長戦にもつれこみました。十回の表に、三高は斎藤君のエラーで一点を勝ち越しましたが、その裏にタイムリーエラーが出て、またしても同点に追いつかれる。そして十一回裏、一死三塁からセンター前にタイムリーを打たれ、ついに4－5でサヨナラ負け。あと一歩のところで甲子園出場を逃してしまったのです。

この試合、周囲からは東京の決勝戦の中で歴史に残る素晴らしい試合だとほめられましたが、監督の私が負けさせてしまったという采配ミスがいっぱいあるんです。

たとえば外野手の守備位置です。十回に一点を勝ち越して、この回を守りきれば勝ったわけですが、早実がワンアウト、ランナーなしになったとき、右バッターの代打が来た。三高はスライダーを得意とする右投手だったんですが、私としては、しめた、このバッターなら打ち取れると思って、外野をバックさせて長打警戒シフトにした。

そこがまだ甘かった。外野の三人を深く守らせてしまったんですが、センターだけはそんなに深くなくてもいいんです。ライトやレフトに比べてバッターから距離がありますから。それを同じように下げてしまったので、ふつうなら平凡なセンターフライをセンターが前に突っ込んできて、わずかに届かないところに打球を落とされた。それがツーベースになって、同点のランナーになってしまったんです。

ただ長打を警戒というだけで指示した私の完全なミス。この試合で、センターのポジショニングの難しさや重要性をすごく感じました。自分は野球がわかっていない監督だなあ、なんでセンターの位置をもっと冷静に判断できなかったのか、あの指示さえしっかりしていれば勝てた試合ではないか、と悔やむことばかりでした。

それと、打たれたのがカウント・ワンボールツーストライクかツーツーでしょうか。ピッチャーが勝負に行って打たれたんですが、キャッチャーへ出す私の指示が中途半端だった。いつもだったらキャッチャーがベンチの私を見てきたときには、「いいよ、ボールでいいんだよ」と指示を出すのに、それが徹底できなかった。

九回になると、ピッチャーが早く終わりたい、勝ちたいという思いからストライクが中に集まって連打をくらうことがよくありますが、私にもそんなはやる気持ちがあったんだと思います。なんでもう少し余裕を持ってキャッチャーとの間を取れなかったのか。終わってみたところで、それを言っても仕方のないことですが、バッテリーに私の気持ちが伝わらなかったことが一番の反省です。もうひとつボールを投げさせていたら、それが空振りになっていたかもしれません。やはり私自身が、勝たなければいけないという重圧で余裕がなくなり、集中力を欠いていたのでしょう。

そのあと、次のバッターがレフト前にまた同じようなヒットを打ち、二塁ランナーがホームに返って同点になってしまった。そのとき、バッターランナーがサードまで走って、三高のサードにぶつかっていった。ラフプレーになったんです。延長戦に入ってみんな熱くなっているからわざとではないと思いますが、三高の選手たちは怒って、ランナーを「なんだ！　この野郎」と睨《にら》みつけるし、サードはサードでそのランナーと言い争っている。

　しばらく険悪な状態が続いたあと、結局バッターは守備妨害をとられてアウトになったんですが、そのとき私は、次の回にうちが攻撃しなければならないんだから、もういいだろうって、選手を抑えたんです。

　しかし、自分に余裕があれば、よし、ここがチャンスだと、そのラフプレーを利用できた。高校野球だから、プロ野球のようにベンチから飛び出して抗議するなんてことはあまりできないんですが、でも、ふざけるなという気持ちを出すことで、ラフプレーをこちらの力にすることができたのではないか。

「西東京大会の決勝戦で、なんだこのプレーは。こんなレベルの低い試合をやっていいのか」「これが早実の野球なのか」と、相手の監督や部長に文句を言うことができたと思う。周囲から見れば選手を静めるほうがスマートでかっこいいかもしれませんが、選手たちの発奮材料にして力を出させるためには、そういう演技も必要だった。

高校野球なのでバカみたいにエキサイティングな姿は見せられませんが、高校野球には退場処分がないので、審判に、「こんなひどいゲームをやらせていいんですか」と詰め寄ってもよかった。そして選手には、「お前ら舐《な》められた野球をやってるんじゃないぞ」と叱咤《しった》するべきだった。でもあのときは、何か「いい子」になってしまったんです。最後の決勝試合で延長の末敗れて、選手たちもよほど悔しかったのでしょう。翌日も次の日も、みんな話ができないくらい落ち込んで、私と顔を合わせると泣いてしまうし、「もう、いいから、もう食事をしろ」と言っても、また食堂で泣いてしまう。「おれにもっと力があったら、お前たちを優勝させられたのになあ。ごめんな」となだめると、また泣いて。私も声が詰まって涙があふれ出て。それで二日間泣きっぱなし。私も選手もそれほど悔しかった。

伝統の早実対三高の決勝戦ということで、神宮球場に二万二千人ものお客さんが入り、スコア的にも内容のある好試合でしたが、私としては、あれもミス、これもミスと、監督としての采配が一番ダメだったゲームであり、また勉強にもなったゲームでした。

◎斎藤佑樹から学んだ精神力の強さ

早実との試合で強く印象に残ったのは、やはりピッチャーの斎藤君でした。彼の精神力はすごいと思いました。ツーアウト満塁でフルカウントになっても、そこから踏ん張るんです。フォアボールを出さない。そのケースが二度ほどあったんですが、そこでしっかり抑えられている。インコースに投げて、それで打たれたらしょうがないんだと割り切り、思い切って投げてくる。デッドボールになっても仕方がないと開き直る、それぐらい攻撃的なピッチングをしていました。これがいいピッチャーの条件なんだな、さすがだなあと感心せざるを得ませんでした。

私たちが負けた相手である早実が甲子園で勝ち進んで、駒大苫小牧《とまこまい》高と決勝を戦ったときは、選手たちと一緒にテレビで観戦しました。斎藤君の素晴らしさは土壇場の踏ん張りなんだよ、思い切りのよさだよ、フルカウントになっても絶対ふらふらするということはない、その頑張りをみんなで勉強しようと。

ご存じのとおり試合は、斎藤君と現在ニューヨーク・ヤンキースで活躍している苫小牧高の田中将大《たなかまさひろ》君との息づまる投手戦で、両校は互いに一歩も引かず、1－1で延長十五回の引き分け。翌日再試合となり、早実が4－3で苫小牧高をくだしてみごと初優勝を飾ったわけですが、やはり斎藤君のピッチングは素晴らしかった。ピンチを背負ってもまったくあわてない。その精神力の強さは毎日の練習でつくられるのではないか。斎藤君の持つ雰囲気から、練習を全力でする選手だということが伝わってきましたね。

たとえば、練習の中に三十メートルのダッシュがあったとして、三十五メートルを走ろうとする選手と、五メートル手前で力を抜く選手を比べたら、その積み重ねでどれだけ変わってくるか。五メートル先まで、という頑張りが三百六十五日積み重ねなったら、どんな精神力が養われるのか。斎藤君は絶対負けるもんかと毎日練習に励んだから、ピンチにも動じない逞《たくま》しさを身につけたのではないか。斎藤君の自信に満ちたピッチング、負けないぞと向かってくる姿はその賜物《たまもの》ではないか。彼のそんな強さを選手たちと話し合いましたね。

それから四年後の二〇一〇年（平成二十二）十月のことです。三高の野球部員が早稲田大学のセレクションに参加するので、西東京市の早大グラウンドに付き添って行ったんです。

早大に進学した斎藤君は四年生になっていて、グラウンドで練習していたんですが、バックネット裏で観《み》ていた私に会釈《えしゃく》もしない。別に挨拶《あいさつ》を望んでいたわけではありませんが、正直「この野郎」って、ちょっとムッとしました。大学四年にもなると偉いんだなあ、六大学の人気スターだからなって、嫌味な気持ちでいると、練習が終わったあと私のもとに駆け寄ってきて、「今日は日大三高の選手が参加すると聞いていましたが、監督がわざわざ来られると思っていなかったので本当にありがとうございました。準優勝おめでとうございます」と丁寧に挨拶するんです。それで少し機嫌を良くして、数分立ち話をしたんですが、そのとき彼に「大人」を感じましたね。西東京決勝の敗戦以来、彼の能力は認めているとはいえ、憎らしい存在には変わりはなかったですから。その憎い気持ちがすーっと消えました。

その年の春の選抜で、三高は沖縄の興南《こうなん》高に決勝で敗れて準優勝だったんですが、話題は興南のエース島袋洋奨《しまぶくろようすけ》君（現福岡ソフトバンクホークス）のピッチングになりました。島袋君は斎藤君のように、ピンチになっても冷静で、しっかりと抑えるんです。

「ウチは延長戦の末大差で負けたんだけど、九回までは押せ押せのいいゲーム展開だったんだよ。でも島袋君が踏ん張るんだよなあ。ツーアウト満塁になっても強いんだよなあ。斎藤君を見ているようだったよ。いいピッチャーには共通点があるねえ」

そう話すと、彼は言うんです。

「いやあ自分は日大三高に強くしてもらったんです。二年の夏の予選でコールド負けして、三高が一番強いと思いました。三年になったとき、何とか勝ちたいと頑張って。神宮の決勝で抑えたので、それが自分の大きな自信になったんです」

多少のお世辞があったと思いますが、うれしかったですね。私の斎藤君に対するイメージが百八十度変わって、「人格者」とさえ思えました。彼の人気は、ただマスクがいいからというのではなく、こういうひたむきな姿勢があるからこそ周りも感じて応援してくれるのでしょう。以来、斎藤君が投げると聞くと、「頑張れよ」の気持ちに変わり、われながら単純だと思いますが、すっかりファンになってしまいました。

二〇〇六年の西東京大会決勝戦はいまでも悔しいのですが、斎藤君の負けるもんかという踏ん張るメンタルの強さと、内面から出てくる、応援したくなる雰囲気は、私も教えてもらいました。二〇一一年（平成二十三）の夏の甲子園優勝も、そういう勉強をさせてもらった結果だと思います。

野球を離れると見えてくることもある

◎胡蝶蘭も選手も愛情を注げば大輪の花を咲かせる

私には、野球を取ったら何もないというくらい趣味がないんですが、あえてあげれば胡蝶蘭《こちょうらん》の栽培でしょうか。胡蝶蘭は、蝶が舞っているような形の花が咲くランの一種ですが、その栽培の方法が選手の育て方と共通しているところがあるんです。胡蝶蘭に限らず、すべての花の栽培にも言えることかもしれませんが、それは選手の才能を開花させることと似ていると思います。私が胡蝶蘭の栽培を始めたきっかけはふとしたことでした。

関東一高の監督を辞《や》めて三年くらいたった頃です。ある日、家族と千葉の館山《たてやま》をドライブしていると、ハウスの胡蝶蘭が目に飛び込んできたんです。ハウスいっぱいに花が咲いていて、何でかよくわからないんですが、花に誘われるように自分から近づいていった感じでした。

ひと目で胡蝶蘭の美しさに魅《ひ》かれ、ハウスの人に育て方を聞くと、一株ずつ鉢に植え替え、あとはちゃんと日光を当て、水のやり方さえ間違えなければ簡単に育てることができると言う。そこで早速何株か買って、家で言われたとおりにやったら花が付いたんです。

栽培のイロハもわからない素人の私が開花に成功したものだから、すっかりうれしくなって、それからですね。ちょっと本腰を入れて栽培を始めました。本腰を入れるといっても、鉢を陽《ひ》の当たる出窓に並べて、定期的に水をやる程度なんですが、日照時間に気をつけるなど大事に育てるようにはなりました。一時は家に温室をつくって、本格的にやってみようかと思ったんですが、温室栽培だと温度管理が大変ということなので、今でも出窓に鉢を並べて育てています。

胡蝶蘭を栽培していて気づいたことは、当然のことですが、大事に育てれば必ず花が咲くということです。

「大事に育てるといっても難しい話ではありません。水のほしいときに水をあげればいいだけです。やり過ぎたらいけませんが、程度を間違えなければ花は咲くんです」

そうハウスの人が言っていましたが、それは人間も一緒だと思います。

選手が求めているときに、こちらから声をかけてやる。そうすれば選手は、それを二倍三倍にも受け止めてくれる。

ランに水をやりながら、「このタイミングで声をかけるんだな」と感じ取る領域にまだ達してはいませんが、「水のほしいときに水をやる」とは、花の専門家らしい言いえて妙な言葉です。

選手の頭の中がぎりぎりいっぱいのときに、技術だ技術だと口をすっぱくして説いても反応しません。余裕がなくて聞く耳を持てないからです。そうではなく、聞く耳を持てるように育ててあげる。そして、選手が問いかけてきたら、しっかりと対応して、問いを満たしてやる。花に対する愛情も選手に対する愛情も一緒だと思います。だから、花を見ていると選手たちの顔がだぶってきたりして、絶対に枯らしてはいけないという気持ちになります。育てているランだけでなく、ちょっと店で買った切り花でもなるべく長く花が咲けるように、小まめに水を替えるなど扱いがやさしくなりました。

最近、三高の合宿所にも鉢を置いて育てているんですが、ときどき選手たちが興味深そうに花の付き具合などを覗《のぞ》きに来ます。私は水やりをしながら、「花は水をやって、ちゃんと育ててやれば立派な花が咲くんだよ。お前たちも花を咲かせてくれよ。頼むよ」と冗談を飛ばしたりするんですが、ランを育てる中で、それまで気づかなかった選手たちの表情が見えるようになりましたね。

◎週に一度の帰宅で自分も選手も野球から解放

いま、合宿所で単身赴任の生活をしているわけですが、子どもへの影響などを配慮してもらって、一週間に一回、月曜日は休んで家に帰っています。日曜日の練習が終わったら、夜に帰宅して月曜日は休んで、火曜日の昼の練習までに戻るという生活です。

毎日の練習から解放されて家に帰るときが、一番心が安らぐ時間なんですが、関東一高から移ってきた一年目の頃は、選手が合宿所に残っているのに自分だけが帰るということが逆にストレスになっていました。選手は二週間に一回、月曜日に帰宅するんですが、一週は私がいない。選手が練習しているのに私だけ休むということに抵抗があったんです。選手に申し訳ない気持ちがあって、家に帰る車の中でも落ち着きませんでした。

そんなある日、学生の頃から通っている床屋の主人――そう、あのソフトパーマをかけてくれたのも、このご主人です――が、「監督、元気ないよ。今度の月曜日に奥さんと一緒に付き合ってよ」と、私と妻を上高地《かみこうち》に連れて行ってくれたんです。

上高地の名前は知っているだけで一度も行ったことはありませんでしたが、河童橋《かっぱばし》から明神池《みょうじんいけ》まで山を歩いて高原の風景を見たときに、こんなきれいな世界があるのかと感動したんです。そのとき、「自分も気分転換する何かをつくらないといけないな。

休まないといけないな」と思って。それからです。日曜日に帰るとき、「おれ、明日はいないからな。みんな練習頼むぞ」と言えるようになりました。

いまでは一週間の練習のあとの帰宅が楽しみになっていますが、かといって、家でとくに何かするというわけでもありません。胡蝶蘭に水をやるくらいしか用事はないんですけど、一番ストレスを解消できる時間になっています。だから、家まで片道二時間の車の運転もまったく苦ではなく、むしろ貴重な時間をもたらしてくれます。

携帯電話の電源を切って、いろんなことに考えをめぐらせていると、けっこう面白い思いつきが浮かんでくるんです。だいたい野球に関するヒントなんですが、私にとってその二時間は得がたい時間になっています。あるとき、記者の方から一番ホッとする場所はどこかと聞かれて、「車の中」と答えたんです。すると、「家より車なのね」と妻に突っ込まれて、二人で顔を見合わせて苦笑いしたことがありました。

妻はけっこう憎めないところがあるんです。ある日、帰宅すると、「お父さん、いい番組を録《と》ってあるから見て。ためになるから」と言う。そこでテーブルの上に置いてあるビデオを見ると、なんと熟年離婚の録画。「これ、おれと関係ないよな」ととぼけていると、娘を巻き込んで言うんです。

「お父さん、野球ばかりしていると、こうなっちゃうよ」——もちろん冗談なんですが、確かに私は野球しか頭にない夫ですから、「うん」と小声で頷くしかなかったですね。

そんな妻が若い頃、よくこう言っていました。

「お父さんは野球で忙しくて、子どもたちをどこへも遊びに連れて行ってやれないのは仕方がない。だから子どもたちがお父さんの仕事がわかるまで頑張ってもらいたい。小さくてわからないままお父さんが監督をクビになってしまったら、子どもたちが可《か》哀想《わいそう》だから」

そう言っていた矢先にクビになってしまったんですが、だからそのあとの四年間はいままで遊んでやれなかった罪滅ぼしの気持ちで、時間の許す限り娘たちと遊んでやりました。

上の娘が小学校一年のときにクビになったんですが、五年生のときに「またやるよ」と言ったら、娘はただ黙っていました。私と遊んだ四年間がよほど楽しかったのか、やってほしくなかったんでしょう。その娘が結婚式で私に宛《あ》てた手紙を読んだんですが、その中に、もう二度と監督になってほしくはなかったが、私には野球しかないから反対しなかったということが綴《つづ》られていました。

野球から離れてつらい時期でしたが、いま思えば、たとえ四年間でも娘たちと遊べた時間があったことは父親として幸せだったと思います。

「やさしい勝負師」でいいじゃないか

◎「やさしさ」と「弱さ」は違うもの

高校野球の監督さんにもいろいろなタイプがあって、それぞれ教え方も違うのですが、よその学校の練習を見学していて、「このチームは、監督と選手のコミュニケーションが取れていないな」と思うことがあります。

選手たちは一生懸命練習しているんですが、グラウンドが何となく重苦しい空気に包まれているんです。監督さんと選手が声をかけ合わないし、選手にも笑顔が見えない。無理に練習をやらされている感じなんです。それが弱いチームならまだ理解できるんですが、甲子園出場の常連校でもそういうところがあるんです。

でも、こういう言い方はおかしいかもしれないですが、選手の気持ちをつかんでいなくても勝つ監督は勝つんです。周囲から、選手に対してやさしさのかけらもなく駒《こま》のように使っていると非難されても、甲子園で勝つわけです。何回も甲子園に行って結果を出している。軟弱な私にはそんなシビアな扱い方はできませんが、うらやましく思うことがあります。勝つために手段を選ばない戦略もまた良しで、それができるところが素晴らしいと思います。実際、選手を強くして甲子園に導いているわけですから。

その手腕を見習いたいと思うときがありますが、私が真似《まね》などしたら選手を潰《つぶ》しかねませんから無理でしょう。だから、私は私のカラーでいいと思っています。

野球は勝ち負けを競うスポーツですから、監督は勝負師であるわけですが、とかく厳しくて怖いイメージを持たれがちです。しかし、監督の中にもやさしい勝負師がいるんじゃないかと思います。やさしくたって勝負をかけているわけですから。

他校で監督をしている後輩が、「勝負師になり切れないんです。やさしさが出ちゃうんですよ」と、私によく嘆くんですが、そのとき、こう言ってやるんです。

「やさしい監督がいたっていいじゃないか。勝負師になり切れないというのなら、試合を棄権して勝負を避ければいい。やさしいと言ったって君が監督して試合に出るんだろう。だったら勝負師じゃないか。やさしくてもここで代打を出すというときは自分で決断するわけじゃないか。だからやさしいからダメってことはないぞ。やさしさのない人間に子どもたちを育てることはできないよ」

やさしさは、ともすると人を弱気にしてしまう危険がありますが、言うまでもなくやさしさと弱気は違います。やさしい勝負師であっても弱気になってはいけません。

「やさしさのない人間に子どもたちを育てることはできないよ」

勝つために競うわけですから、負けるもんか、という気持ちが必要です。私の場合は、その気持ちが人一倍強いと思います。

二〇一一年（平成二十三）の夏の甲子園で優勝したあとに春の選抜にかかわる試合があったんですが、その大会は早くに敗退して、天国から地獄に落とされたんです。それでもその敗戦を夏の甲子園に向けての大きなステップと前向きにとらえます。だから、地獄に落とされても、もうダメだ、これで終わりだとはなりません。どん底に落ちたら這《は》い上がるしかない、と考えます。

とは言っても、もちろん落ち込むときもあります。「負けをずるずる引きずるな」と言っておきながら、一番出遅れるのが監督の私なんです。

大会で負けたあと、学校で夏の甲子園の優勝祝賀会を開いてくれたんです。選手の保護者も参加して、私の妻も招待されたんですが、その席で選手が、「負けたので、監督は全然元気がないんですよ」「選手には切り替えろと言っていながら一番しょげてるんです」と妻に言って心配させ、選手の保護者も心配するということがありました。私はほとんど会話もせずションボリしていたらしいのですが、試合に負けると、いっとき本当に落ち込むんです。

とくに夏の甲子園に向けて試合をする西東京大会で負けると大変です。うつ病のチェックがありますけど、もしあれを受けたら、それこそ病院に連れて行かれてしまうくらい落ち込んでしまう。でも、そのあとは「やるしかない！」というバイオリズムになります。できるかできないかではなく、やるかやれないかという考え方から、「いまに見ていろ」という気持ちが湧《わ》いてくるんです。

◎弱気のときに支えになる人たちのありがたみ

勝ち負けの野球人生を長くやっていると、弱気の虫が顔を出すとこともあります。そんなときはひとりで悩まず、信頼する人に愚痴《ぐち》というか、話を聞いてもらうことを心がけています。学校を定年退職したあとも親しくお付き合いしている先輩の先生がいるんですが、その先生にはよく相談に乗ってもらっています。

試合に負けたときが多いんですが、「完全に采配ミスでした。あのときはスクイズを仕掛けるべきだったんです」などと悔やむと、先生が言ってくれるんです。

「それが失敗しても、自分の思うとおりにやればいいんだよ。君はいつも選手に、自分で一歩踏み出せって言ってるじゃないか。選手が後退するようなことを言ってはいかん。前に前に進めよ。結果が出なかったら、もっと練習してもっと選手を見る目を養えばいいじゃないか」

私がふだん選手に説いていることを言ってくれるので、救われた気持ちになります。自分のことを理解してくれる人が近くにいてくれる。その人と腹を割って話すことができる。それは、とても幸せなことだと思います。

監督というのは、孤独な面があるんです。いつも選手の中にいて、他校よりも選手との距離が近いから好ましい関係にあると思っていても、監督と選手との間には超えられない一線があります。選手がコーチと、兄と弟みたいにふざけあっても、監督の私にはそんな真似はしません。そういう打ち解けた姿を見ると、うらやましいと思うときがあります。監督というのはひとりなんです。

野球部のOB会長や校長にも、話の聞き役になってもらっています。

OB会長は、三高時代に学生コーチを一緒にやっていた気心の知れた仲で、兄弟のように親しくしているんですが、退職した先生と同様、親身に応《こた》えてくれます。やはり負け試合を愚痴ると、「勝負事だから負けるときもある。今までどおり自分を信じてやればいい。選手はみんなお前のことを見てるからな」と励ましてくれます。

OBの中には勝ち負けで監督の優劣を判断する人もいます。私が三高の監督に就任したときは、東京都の予選大会のベスト4にも残れないほど力がなかった。せめて準決勝と決勝の試合が行われる神宮球場に出られるくらいまで力をつけてくれと頼まれたんです。

ところが、ベスト4に入って神宮球場に出場すると、今度は甲子園出場をせがまれる。さらに甲子園に出ると、次は甲子園の優勝を要求してくる。そして優勝したわけですが、すると「何だ小倉、優勝するのに十年もかかったのかよ」とケチをつけるありさまなんです。

でもOB会長は、さすが卒業生のまとめ役だけあって、そんなときでも笑い飛ばしてくれましたね。

「勝ち負けがあるから、きついことを言うやつもいるけど気にすんなよ。自分の思いどおりに運んだら全校が優勝しちゃうわ」

当時の校長も、野球部の部長として私と十年間二人三脚でやってきた関係なので、チームの事情をよく把握して理解を示してくれました。

二〇一一年（平成二十三）に夏の甲子園で優勝したときのことです。事前に選手たちを見た校長は、「二〇〇一年に優勝したチームに雰囲気が似てるよね。甲子園に行けたら優勝できるんじゃないの」と言ったんです。そして、それが現実になったら、「優勝してくれてよかった。あのとき話したことが小倉君のプレッシャーになって負けていたらどうしようって。あとで、申し訳ないことを言ってしまったと夜もろくに眠れなかったんだ」と、そんな気遣いをしてくれたんです。

私のことをすごくわかっていてくれて、「監督のいいところは真剣に選手をほめて叱《しか》って、叱ってほめて、それを引きずらないで、ほめた選手も叱った選手も同じように接するところだよ。小倉君ならではの特技だね」と、光栄にも私までほめ言葉を授かって。

彼は、学校で面白くないことがあったりすると、グラウンドにふらっと来て、私が選手を怒鳴ったり持ち上げたりしている練習風景を見て帰ったそうです。そして、「たまにグラウンドに行って、監督と選手たちのやり取りを観察するといい勉強になるよ」と、学校の先生方に教えてくれたりもして、本当に頭の下がる思いでした。

こうして周りの人に愚痴をこぼすことで、自分の長所を示してもらうのですが、というのも、私は百人いたら百人が「小倉はいい人間だ」と認めてくれないと、めげる性格なんです。「何なんだよ、小倉ってやつは」と批判されると、すごく気になってしまう。そういう面では弱虫なんです。

表面では平気を装っていますが、だから、私をへこますのは簡単です。「あんなやつはダメだ。教え方がなってない」と、みんなしてかかってこられたらくじけてしまう。「小倉は優れた指導者だ」と全員が認めてくれないと苦しい。ひとりでも「こんな学校に来るんじゃなかった」とか言われると納得がいかないんです。本当の私はすごく弱い。それに子どももみたいですが、ひどい寂しがり屋なんです。周りに人がいないと沈んだ気分になるし、そういう弱さを持っていると思います。

妻と喧嘩《けんか》して話をしなくなったら、いたたまれなくなってしまって、私からすぐに詫《わ》びますし。妻は笑いながら、「お父さんは自分から謝ってくるってわかっているから」と、私の弱さをお見通しで、妻の手の上を転がされているわけです。でも、そうした弱さがあるから、選手たちとうまくやっていけるんだと思います。

第四章

人として一流であれ

我慢する心と思いやる心

◎我慢の先には必ず楽しみが待っている

人間、生きていく中で、嫌《いや》なこともつらいことも大変なこともいろいろあります。だから、我慢ができないと苦労して自分を生きにくくしてしまいます。

私は日頃から我慢する心、耐え抜く心の強さが大事だと教えていますが、その我慢がいちばん育つのが、日々の練習です。だから練習で手抜きは絶対に許しません。「我慢しよう」という強い気持ちが間違いなく培《つちか》われるからです。

三十メートルダッシュのトレーニングのときなど五メートル手前くらいでスピードを落とす選手がいる。すると、二十本で終わるところを連帯責任ということで、また本数を追加する。そうなると選手たちも困るから、みんな力を抜かないで全力で走る。

まだやらされているレベルかもしれませんが、とにかく一生懸命走る。そして、その一生懸命走っている中で、さらに三十メートルの一歩先まで走りたいという意欲が出てくる。それが我慢の原動力になるんです。その積み重ねによって我慢が利《き》く選手になれるんです。

我慢とは、簡単に言うと楽しみを先にのばすということなんです。冬の強化合宿で開くクリスマス会のことを第一章で話しましたが、あのドンチャン騒ぎが我慢を生むんです。ふだんでも、「この練習が終わったら、スイカでも食べようぜ」などと喜ばせるんですが、その楽しみがあるがゆえに、我慢する心がつくられるんです。

走り高跳びで、高くジャンプするためには跳ぶ前の助走が何よりも大事です。我慢とは、その助走みたいなもので、目的を実現する力と言ってもよいでしょう。一生懸命努力していく中で我慢ができるようになり、あきらめずに自分の望みを達成しようとする意思が育っていくんです。

試合のメンバーからはずれたときに、はずれたことを素直に受け取れない子がいます。それは我慢のなさを表していると言えます。メンバーに選ばれなかったことを親に報告するわけですが、そのとき、親にちゃんと言えないと問題が起きてくる。親がグラウンドを見ていなかったら、あるいは見ていても自分の子どもしか見ていないとしたら、不満を抱いてどうして自分の息子が試合に出ることができないのかと、場合によっては学校にねじ込んできて、ひと騒動にもなりかねません。

だから、子どもが親に、ヒットの一本くらい打ったからといってレギュラーになれるほど簡単ではないことを教えなければいけない。自分も一生懸命努力してメンバーに選ばれるようになると伝えなければいけないんです。それを親の意のままに従ったり、あるいは親のせいにしてしまう。

これは親の教育も関係してくると思いますが、現実を受け止めることができない子は、我慢しようとしない子に多いんです。もっとも、我慢できる子ならばレギュラーの座も勝ち取ってしまう度量があって、問題も起きないわけですが。

高校の三年間というのは、人間的に一番成長する時期です。中学生の何も考えなかったところから高校に入り、野球をやる中で練習の厳しさなどを知る経験は中学時代にはありません。だから、その三年間で、いかに我慢して成長するかなんです。

親が可愛《かわい》がりすぎて、なかなか子どもに耐える力を植え付けられない時期だからこそ、我慢する心を育てる。その我慢する心が子どもの意識を変えて成長させるんです。

◎三高野球部の三年間の練習が培った「耐える心」

ときどき練習の手伝いにやってくる卒業生の話です。

彼は卒業後、消防士を目指して、専門学校に通いながら公務員試験の勉強をしていました。その消防士の試験の前に海上保安庁の試験を受けたら合格したんです。

彼が海上保安庁合格の報告と、消防士をあきらめて海上保安官の道を進むべきか、相談に来たとき、せっかく合格したんだから海上保安官でいいではないか、消防士と同じ公務員ではないかと、私はとくに深い考えもなく言いました。

すると、彼が言うには、海上保安官の仕事はたいへん厳しく、海上保安庁の試験に合格しても、そのあと消防庁に合格すると、消防士に進路を変えてしまうケースが多いのだそうです。私は、海上保安官の仕事がどういうものか、よく知らずに軽く答えてしまったんですが、彼は自分なりに考えたのでしょう、海上保安庁に入ったんです。

そのあとにまた会うと、海上保安官の任務は噂《うわさ》どおり厳しく、とくに水難救助などの訓練は泣きたくなるほど苛酷《かこく》だと言う。テレビや映画化もされた『海猿《うみざる》』という漫画で有名になりましたが、保安官の潜水士のことを「海猿」と呼ぶんだそうですね。あの人たちのような訓練をするのかと聞くと、テレビなどに出てくる訓練は初歩的なもので、実際は半端じゃなくすごいんだそうです。

彼は厳しい訓練に耐えて潜水士の資格を取り、いまは羽田の特殊救難基地でレスキューの任務に就いています。この基地に所属する保安官は、高度な技術を持つスペシャリスト集団として知られているそうで、会うたびに立派になっているんです。進路相談で会ったときに、よくわからず軽い気持ちで海上保安庁を勧めたことを恥じると、資格を取るためのつらく厳しい訓練をこれまで乗り越えて来られたのは、三高野球部の三年間があったからだと言う。そして、こんなことを話しました。

——今度、昇格資格を得られるメンバーに選ばれました。十か月の教育訓練をクリアすれば昇格できるんですが、その訓練は想像以上に厳しいと言います。メンバーに選ばれてうれしいのですが、訓練を受けるのが心底怖い。

しかし、三高のグラウンドに来て選手たちと一緒になって走っていると、自分の昔の姿を思い出す。すると、訓練に絶対負けないという自分になってくるんです——

また、こうも語っていました。

——訓練を受ける際、上官から訓練の内容を教えてもらうんですが、実際にやってみるまでわからないんです。これ以上先に行ったら死んでしまうという、気絶するかしないかまで経験しないと怖さがわからない。怖さを知らないと限界を超えて行ってしまう。確かに人を救わなければならない、そしてそれこそが潜水士の使命なんですが、しかし一方で、自分もそれ以上行ったら無理だという限界点があるということをわかってもいなければならない。限界を知らなかったら、極限の極限を体験しておかなければ、仕事の成果が出ません。そのために命がけの訓練をしているんですが、その訓練を支えているのは三高時代に耐え抜いた練習なんです。とりわけ冬の強化合宿の猛練習をやり切ったことが、大きな自信になっている。この練習で覚えた我慢する心が、ぼくを進化させていると思うんです——

彼は気持ちが萎《な》えると、グラウンドに来たくなるそうです。ここで走ると勇気をもらって帰れると言うんですが、信念を持って海難救助という命がけの仕事に取り組んでいる彼に感服するばかりです。

◎挨拶のできる人間になろう

隔週で月曜日は練習を休みにしているんですが、その日は学校美化の一環として、グラウンドの近辺を四～五キロ歩きながら、ごみ拾いをしています。

掃除というと、とかく下級生の役目になりがちですが、三高では合宿所の掃除同様、全員の仕事になっていて、むしろ上級生が率先して取り組んでいます。すると、その上級生のごみ拾いを見て、下級生が「先輩がそんなに一生懸命に……」と尊敬の念を持ち、いろんなことに自然と積極的に行動できるようになる。だからごみ拾いは、ポジティブな人間をつくるし、チームづくりに大いに役立つんです。

それにごみ拾いは野球の上達にもつながるんです。ごみを拾うということは、あちこち周りをよく見ることです。そしてごみは小さいから、小さなことにも気づけるようになる。いまグラウンドで起きている状況、細かなプレーまで見る目が鍛えられ、試合でのミスが減るからです。

そんな野球効果もあるごみ拾いですが、うれしい出来事もありました。二〇一一年（平成二十三）の夏の甲子園のときです。甲子園球場の近くに宿泊したんですが、毎朝、球場の外周を散歩する際、空き缶やペットボトルなどのごみ拾いをしたんです。

その姿を地域の方が見ていたんでしょう。優勝を決めた日、町内会の役員さんから感謝状をいただいたんです。感謝状には「地域の環境美化に貢献いただき、住民一同深く感謝の意を表します」と書いてありました。町内会の地元には毎年、東京の代表校の選手たちが宿泊するんですが、まさか甲子園に来て地域の方々から感謝状を贈られるとは夢にも思いませんでしたから二重の喜びでしたね。

もっとも、選手たちは電車やバスの中で、進んでお年寄りに席を譲るといった善意の行動をふだんからしているようです。その譲り方も、かっこいいというか、やさしい心遣いが感じられるそうで、学校によくお礼とおほめの電話がかかってくるんです。

いまは心のない時代と言われていますから、当たり前のことが周りから評価されて返ってくる。選手たちは「おれたちすごい得してるよな。でも、うれしいことだよな」と喜んでいますが、ごみ拾いをするにしても、お年寄りに席を譲ることにしても、社会や人、すべてのことに感謝するという気持ちが大事だということでしょう。

その感謝の気持ちの基本になるのが、日々の挨拶《あいさつ》だと思います。挨拶は大事だとつくづく感じた体験があります。

合宿所から千葉の実家に車で帰る途中でのことです。首都高速道路の料金所で料金を支払ったとき、係員がもたもたして、なかなかおつりが返ってこない。少しいらいらして、「早くしてくださいよ」と催促すると、係員が「日大三高の監督さんですよね。頑張ってください」と言うんです。私はじれて、おつりをせかしたことが恥ずかしくなりました。

これからは日本一愛想のいい、明るい運転手になろうと反省し、以降、料金所を通る際は「こんばんは。お疲れさまです」と必ず笑顔で挨拶するようにしたんです。

最初の頃は、挨拶しても係員に怪訝《けげん》な顔をされていたんですが、そんなある夜のこと、やはり高速道路の料金所だったんですが、いつものように「こんばんは。お疲れさまです」と挨拶すると、係員が「気をつけてお帰りください」と言葉を返してくれたんです。そのあと、帰宅するまでの二時間が、疲れているのにとてもすがすがしい気分で、これが挨拶というものだと改めて思いました。

挨拶というのは、自分が相手にいい言葉を贈り、相手からもいい言葉、いい心をもらうことで、お互いにつながって生きていることを認識することだと思うんです。

「おはよう」「こんにちは」「こんばんは」という、ふだん何気なく使っている挨拶の言葉があります。この挨拶は、もともとお天道様《てんと》へ朝・昼・晩に感謝の気持ちを表した言葉で、みんな同じお天道様に向かって、感謝の気持ちを表すことで、みんなの心を通い合わせ、お互いに思いやる、ということなんだそうです。

入部してきた一年生に毎年、料金所の体験を話して、感謝の心を伝える挨拶の大切さ、心のこもった挨拶ができるように指導しています。

◎野球にも大切な思いやりの心

二〇一一年（平成二十三）の夏の甲子園大会で、「日大三高はフェアプレーも日本一」と、新聞報道などでおほめの言葉をいただいたプレーがありました。

新潟の日本文理《ぶんり》高との一回戦。七回の攻撃のとき、横尾俊建《よこおとしたけ》の痛烈な打球が日本文理の三塁手の右肩をかすめました。そのとき、三塁コーチの平田智也《ひらたともや》がポケットの冷却スプレーを取り出して、三塁手の肩を冷やしてやりました。

岡山の関西《かんぜい》高との準決勝では、清水弘毅《しみずこうき》が二度のデッドボールを受けました。デッドボールを受けると投手を睨《にら》みつける選手がよくいますが、清水は痛い顔ひとつせず一塁ベースに向かいました。

打席でファウルフライを打つと、相手キャッチャーは打球を追うためにマスクをはずして投げます。そうしたとき、三高の選手は、キャッチャーが放《ほう》り投げたマスクを拾い、ユニフォームでこすって土を落としてやり、キャッチャーに渡していました。甲子園大会に限らず試合では、相手チームも真剣にプレーしています。だから、相手を気遣い、思いやる心が大事だといつも教えていました。それがゲームにちゃんと表れていたのでうれしかったですね。

思いやりの大切さの教えは、私の体験が大きく影響しています。

私が二十歳のとき、父が交通事故で亡くなりました。事故を起こしたのは私と同じ年頃の青年で、飲酒運転で道路のセンターラインを越えて、父と叔母《おば》が乗っていた車に突っ込んだんです。その事故で父だけが命を落としました。

それまでケガや病気もしたことのない元気な父が亡くなったということで、私たち三兄弟には大変なショックでした。通夜に事故を起こした青年の両親が線香を上げに来てくれたんですが、私たち兄弟は怒りが収まらず、「あんたの倅《せがれ》を連れて来い！うちの親父《おやじ》を殺しといて何で来ないんだっ」と食ってかかったんです。すると、母に怒鳴りつけられましてね。

「この親御《おやご》さんたちがどんな気持ちでここに来てくれていると思ってるんだ！　もし

お前たちが事故を起こした立場だったらどうなんだ。針のむしろに座らされるのがわかっているのに線香を上げに来てくださったんだよ」

　母の言葉に、私たちはもう何も言えませんでした。夫を、殺されたも同然の相手の過失で亡くしたわけです。ふつうなら線香も上げさせないで、追い返したい気持ちになりますよね。憎しみが湧《わ》いて当然なのに、相手のつらい気持ちを気遣う母の態度に感心しました。もう亡くなりましたけど、通夜の席でとった母の振る舞いは私の胸を打ち、人の気持ちを思いやる大切さを教えてくれたんです。

　相手を思いやる気持ちは、野球でも大事です。

　野球は勝負事だから必ず勝ち負けがあります。どのチームも一生懸命やるんですが、そこに勝ち負けはある。負けたチームも負けていいと思うゲームなんてひとつもないわけで、みんな懸命に頑張るんです。だから勝敗に関係なく、その頑張りに対して敬う気持ちがなくてはならないんです。また、相手の頑張りによって、こちらも全力で頑張っていいゲームができるから感謝の気持ちもなくてはなりません。

　そうしたお互いのチームを思いやる心が、いいプレーを生み、フェアないいゲームをつくるんです。

「痛い顔ひとつせず一塁ベースに向かいました」

◎合宿生活の不安を解消するチームメイトの温かさ

チームメイトの思いやりで、合宿生活の不安から立ち直った選手もいます。

四月に入部する一年生の中に、どうしても合宿になじめない子が、毎年二、三人はいるんです。グラウンドでは何でもないんですが、宿舎で我慢しているのか、二週間に一回の休みに家へ帰るとなかなか戻ってくることができない。ホームシックにかかるんでしょうね。二〇一〇年（平成二十二）の春の甲子園で準優勝したときのメンバーだった小林《こばやし》亮治《りょうじ》がそうでした。

小林は足が抜群に速い、期待の選手だったんですが、一年生時の五月くらいから家に帰ると戻ってこなくなったんです。学校に行くと胃が痛くなると言う。そこで体調が良くなるまで、家でゆっくり休ませることにしました。

一週間後、母親が小林を連れて合宿所に来て、私の前で小林に諭しました。

「一週間も休んで、監督さんにこれ以上迷惑をかけるわけにはいかない。あんたは監督さんに評価されているらしいけど、いまのあんたは野球をする資格はない。一週間も練習してなくて体力も落ちていると思うけど、今日は一回練習をやって監督さんに無様《ぶざま》な姿を見せて帰ろう。監督さんが思っているほど大したことがないんだってあきらめてもらおう」

すると、小林は母親の言葉に青くなって、「今日からまた合宿所に入ります」と言ったんです。どこか甘えていたんでしょうね。そこを母親が突き放したんです。

そのとき、クラブ対抗リレーに出た小林が選手たちと円陣を組んで笑顔でうつっている写真が、テーブルに置かれていたんです。それは春の体育祭で、小林がリレーのアンカーで走ったときの写真でした。チームのキャプテンが、小林の得意としている競走に出ることで元気になるのではないかと気を遣って、小林を走らせたんです。

その写真を見た母親は、小林にこうも言いました。

「あんたみたいな意気地のない一年生をリレーで一番かっこいいアンカーにしてくれて、そのうえみんなで笑って囲んでくれる上級生がどこにいるの。ここまであんたを面倒見てくれる野球部をやめたいんならやめなさい」

息子の弱さを突いて奮起させる。母親の強さですね。それと、選手たちの小林に対する思いやりを強く感じました。

第一章の〈選手の親とどう向き合うか〉の項で話した一年生の部員の場合もそうです。彼も選手たちのいたわりがあって立ち直りました。私が彼のいい加減な言動に我慢できなくて、見捨てようと思ったときも、彼を受け止め、みんなで引っ張り上げてくれたんです。

二〇一一年（平成二十三）の夏の甲子園で優勝したチームの飯田明宏《いいだあきひろ》も、一年のときが小林と同じでした。

家に帰ると戻れなくなる。ひとりでは戻れない。戻るときは、いつも母親に付き添われて来ていたんです。

これではいけないと思い、一級上に小林がいたので、自分がホームシックを乗り越えて合宿生活になじめるようになった体験を飯田に話して、気持ちをほぐしてくれるよう頼みました。すると、小林が飯田の不安を親身になって聞いてやって、自分も野球をやめないでいてよかったことなども話してくれたわけです。それがうまくいって、飯田はホームシックから抜け出すことができたんです。

二年続けてそういう子が出ましたが、ちゃんと立ち直りました。小林も飯田も優秀な選手に育ちましたが、それはやはり合宿所で寝起きを共にするチームメイトの温かさのおかげだとも思います。その飯田ですが、下級生の同じ悩みに気づくと進んで話しかけ、「大丈夫だよ。おれもそうだったけど乗り越えられたよ」と励ます側になったんですからうれしいです。

合宿生活の中で、お互いにみんないたわり合っている。彼らのやさしい心遣いに私も助けられているんです。

責任を持たせれば人はぐんぐん成長する

◎責任感が上級生・下級生の壁を越えたプレーを生む

毎年、甲子園に出場するような強いチームは、グラウンドでの選手たちのコミュニケーションが非常によくとれています。下級生選手が上級生選手に気兼ねして、なかなか声をかけることができず、そのコミュニケーションの欠如がミスにつながって試合に負けてしまう。そんなケースがままあるんですが、だから選手同士が遠慮なく声をかけ合うことが大切です。

たとえばピンチを迎えても、監督がベンチから「ここは気をつけていこう」などと注意するのではなく、グラウンドの選手の間から自然とそういう言葉が出てこなくてはいけません。ストライクが入らなくなったら、マウンドに行ってピッチャーに言葉をかけ、リラックスさせる。そういうやりとりが自由にできる選手関係が大事なんです。

二〇一一年（平成二十三）の夏の甲子園で優勝したチームは、選手たちのコミュニケーションがよくとれていました。キャプテンはセンターだったので、外野から声をかけることはあまりないんですが、代わりにサードがいいタイミングで声をかけていました。キャッチャーはピッチャーを一番よく見ているから、ピッチャーに声をかける。同時に、サードが脇からピッチャーに「あのバッターなら、真っ直ぐ勝負で大丈夫だよ」などと囁《ささや》く。そうした選手たちのコミュニケーションが優勝をアシストしたと思います。

二〇一〇年（平成二十二）、春の選抜で準優勝したとき、準決勝で戦った広島広陵《こうりょう》高校の中井哲之《なかいてつゆき》監督と試合後に話したんです。そのとき、新二年生の横尾俊建と畔上《あぜがみ》翔《しょう》がサードとセンターで出ていたんですが、この二人が他の三年生選手にとった対応を見て、こう言って感心されていました。

「三高さんの強さっていうのは、ああいうところなんですかねぇ。センターがショートに『もう少しセカンドのほうに寄ってください』と要求したり、サードがピッチャーに『大丈夫ですよ、そのボールなら。強気でガンガン攻めてください』などとアドバイスする。二人とも二年生ですよね。あんなふうに大胆に上級生に声をかけられるなんてすごいですよ。また、その声をちゃんと受けて対処する三年生のショートやピッチャーの選手もたいしたもんです」

試合になったら上級生、下級生の関係ではなくチームのひとり、ポジションを任されているひとりとして責任を持ってプレーする。その責任感がお互いに声をかけ合ったり、言葉を返したりするやりとりになって表れる。三高は、みんな同級生みたいに声をかけ合って、誰が上級生なのか下級生なのかわからないと言われるんですが、この先輩後輩を超えたコミュニケーションの有無が、まとまりのある強いチームになるかどうかのひとつの大きな条件であるように思います。

◎チームをひとつにしたキャプテンの「あぜしゅう」

センターの畔上は、二年生の秋になるとキャプテンを務めたんですが、夏の甲子園優勝は彼の存在なしではなかったかもしれません。チームをよくまとめてくれて、まさにチーム結束の要《かなめ》でした。

畔上はキャプテンですから他の選手より私とよく話すわけですが、私が選手に言いたい注意事項や要求などが、畔上を通して全員に正確に伝わるんです。キャプテンにも向き不向きがあって、話がちゃんと選手に伝えられなかったり、またそれがみんなに徹底されていなかったりと、穴がある場合も多い。その点、畔上はほぼ完璧《かんぺき》でした。私の口から言うのも何ですが、三高歴代キャプテンの中でもトップクラスのひとりでしょう。

一年生が入ってきたときに、二年後はこの選手がキャプテンになるだろうと、ある程度予測できるチーム、一年生のときから私が望んでいた選手がキャプテンになってくれるチームは強いですね。

二年生の八月に上級生から引き継いで新チームになるんですが、このキャプテンで大丈夫だろうかと自信がないときは、チームはなかなか勝てません。リーダーシップのあるキャプテンがいるチームというのは実力以上のものが出ます。それが団体スポーツの特質なんでしょう。うまくまとまることで力を出せるんです。

畔上は一年生のときからリーダーシップを発揮して、いつも一年生の中心になって行動していました。たとえば、私が一年生にグラウンドの整備を頼むと、誰と誰がこの仕事をするというふうに、自分がみんなをまとめて作業分担の指示をするんです。リーダーシップというのは、教えて備わるものではなく、生まれつき本人が持っている才能なんですね。

畔上がキャプテンになると、「あぜしゅう」という言葉ができたんです。ミスや気の抜けたプレーが続いたとき、畔上がみんなを集めてカツを入れる。「畔上の集合」の略で、誰が言うともなくチームに広がったんですが、さすがリーダーです。私が選手に注意しようと思っていたことを先に言ってくれるんです。ふつうなら監督に遠慮して黙っていることでも、「集合!」と選手を呼んで指示する。あまり無茶なリーダ

「リーダーシップのあるキャプテンがいるチームは実力以上のものが出ます」

ーシップを発揮すると、ともすれば選手たちに煙たがられるんですが、畔上にはそんな心配は無用でした。

　ある練習試合のときです。守備のつまらないミスが重なって、難なく一塁ランナーをホームに戻して一点を取られてしまった。すると、畔上はベンチに帰ってきた選手を集めて怒ったんです。

「何だ、あの守備は！　だらけちゃって。この回で一点取られたらきついだろうよ」

　私は隣のベンチで、「厳しいなぁ、こいつは。こんなに言っちゃって大丈夫かな」と、ちょっとひやひやしたんですが、でも、みんなして「悪い、悪い」と謝っている。強く言っても嫌《いや》な男に思われないんです。選手全員に一目《いちもく》置かれているんです。

　夏の甲子園のとき、横尾が新聞記者のインタビューで、「憎まれ役のはずのキャプテンなのに畔上は憎まれないんです」と答えていましたが、そのとおりだと思いましたね。それだけに人一倍、しっかりと練習に取り組んでいました。毎朝五時半に起きて朝練をやっているんです。まず自分がやらないとみんなに指示できないという、そういうふうに自分の中で厳しくしていたんでしょう。キャプテンとしての強い自覚と頑張りがあった。だからこそ、選手たちが「畔上が言ってるんだから間違いない。あいつが言うんだからやろう」と、彼を信頼してついていったんだと思います。

◎適材適所の能力がチームのバランスを生む

長年監督をやってきた経験からですが、リーダーの資質に少し欠けて物足りないけどほかに適任者が見当たらないから、というような消極的な気持ちで選んだキャプテンのときは、なかなかうまくいきません。それでも選手の総合力で甲子園に行ったことはありますが、しかし、あまり望みをかけると、その選手に負担を与えて、可哀想《かわいそう》な思いをさせてしまうことがあります。

こういう例もあります。二〇一〇年（平成二十二）の春の選抜に出たときのキャプテンだった大塚和貴《おおつかかずき》は、バッティングもいいリードのうまいキャッチャーだったんですが、キャプテンの重圧からか練習で無理をして肩を痛めてしまったんです。本来なら常に試合に出て、ピッチャーのボールを受けていなければいけないキャプテンなんです。それを二年生キャッチャーに託して、ベンチからゲームを見守るしかない。どんなにマスクをかぶりたかったか、彼の胸中を思うと心が痛みました。それでも切ない気持ちをこらえて、ベンチで声を上げて声援してくれましてね。

でも、さすがにキャプテンだなと思ったのは、沖縄興南高との決勝戦で代打で出したところ、何とホームランを打ったんです。みんなを引っ張っていく立場でありながらベンチを温めていることの悔しさ、情けなくも腹立たしい思いをしていた大塚の意地の一発でした。

結局、興南高には敗れてしまったんですが、大塚が試合の最後まで選手たちに声をかけて、この年はこの年でまとまりがあったチームでした。

畔上は一年生のときからキャプテンにふさわしい雰囲気を持っていたわけですが、キャプテン発表のときは、選手たちの感触は少し違っていたようなんです。

ミーティングルームでは、選手たちの座る席が決まっていて、テーブルの上座中央に監督、その右側にキャプテン、キャプテンの向かい側に副キャプテン、それから下座に向かって上級生選手、下級生選手の順になっているんです。キャプテンの発表当日、部屋に行くと、キャプテンの席にキャッチャーの鈴木《すずき》貴弘《たかひろ》、副キャプテンの席に畔上が座っていました。

キャッチャーはピッチャーの女房役とも言われ、ゲームを組み立てるチームの要的存在なので、どこのチームでもキャッチャーをキャプテンにすることが多い。三高もそうなので、畔上に負けず劣らずチームの中心でやってきた鈴木が、選手たちの推測に自然と押し出される格好で、キャプテンの席に座ることになったんでしょう。

私は畔上をキャプテンにすると決めていましたから、彼をキャプテンに指名しました。すると畔上は「あれっ、鈴木じゃないんですか？」という顔をして驚いていたんですが、まさか自分が選ばれるとは思っていなかったようです。選手たちも予想がはずれたのか、ちょっと意外そうな表情をしていました。

そして、鈴木と、やはり選手たちの人望が厚い横尾を副キャプテンにしたんですが、この二人がまた畔上の優秀な補佐役になったんです。畔上は気性が真っ直ぐですから、選手たちに厳しく言う。すると鈴木と横尾が「キャプテン、その言い方はちょっときついんじゃないの」と、やんわりとたしなめる。その一方で、言われた選手に「キャプテンは決して怒ってるわけじゃないんだから頼むぞ」となだめる。畔上と選手たちのクッションになってくれて、チームのバランスが非常によかった。適材適所の理想的な人選になったんです。

◎行動に責任を持たせれば悪いことはしない

人間というのは、とかく人のミスを責めたがるものですが、責めるだけでは改善しません。ミスを許してやることで解決することも大事です。

合宿所では携帯電話の所持は禁止なんですが、隠れて持っていた三年生がいたんです。ベンチ入りメンバーのひとりでした。そのことを知った三年生でメンバーからはずれた選手が、規則違反をした選手がメンバーに選ばれるのはおかしいと、コーチに抗議してきたんです。コーチは、メンバーの変更はないことを説明しましたが納得しない。そこで、私は選手を全員集め、まず携帯電話を持っていた選手を叱《しか》りました。

「メンバー選考の一番大事なときにバカなことをやるんじゃない。チームがごたごたするような真似《まね》をして。このバカ野郎！」

次に抗議してきた選手に話しました。

「確かに携帯はダメだよな。でも、ほかのみんなもそうだけど、授業中に寝るなといっても寝てるだろ。それと同じじゃないか。携帯禁止もひとつの約束なら、授業中の居眠り禁止もおれとの約束じゃないか。そういうことって大なり小なりいっぱいあるよな。携帯を持っていたからといってメンバーからはずすことでもないと思うんだよ。取り返しのつかないことをしたわけじゃないんだから許してやれよ」

そして、携帯を持っていた選手を厳重注意し、抗議してきた選手も、私の話に納得してくれて解決したんです。

だから、許せる範囲での失敗は、カバーしてやることが大事だと思うんです。抗議してきた選手のほうもフォローしてあげればわだかまりは残りません。

関東一高で担任を受け持っていたときです。教室のごみ箱にタバコの吸殻が捨ててあって、教室でタバコを吸った生徒がいたことがわかったんです。生徒を集めて問いただすと、ひとりの生徒が正直に手を挙げたので、停学などの処分にしないで許したんですが、そのとき、こう念を押しました。

「今日はおれしか知らないから許すけど、今後、お前に限らず誰でも見つかったら停学はあるよ。そのとき、前に許してくれたのに今回停学になるのは納得いかないなんて言っても通用しないからな」

私の言葉に生徒たちは頷《うなず》いていましたが、まるまる全部にペナルティーを与えることが指導ではないと思うんです。なかには、他の生徒に示しがつかない、けじめがつけられないと反対する先生がいます。とくに生徒指導の先生がそうで、公園かどこかの学校外でも喫煙しているのを見つけると、それが他校の生徒であっても、その生徒の学校に報告して処分を科してしまう。建前では間違いではないんですが、しかし、それが本当の指導なのかと疑問を感じます。

悪いことなら攻撃ばかりして、許すことをしなかったら、みんな息苦しくなってしまう。許すこともまた大事なんです。何か問題が起きたときは、それを解決すると、もっと良い関係ができるという、そういう方向に持っていかなければいけないと思うんです。

選手たちは二週間に一回、帰宅できる休みがあるんですが、その休みを友だちとカラオケに行こうが、女の子とデートしようが、私はとやかく言いません。自由にさせています。

高校野球の監督は、選手が喫煙や飲酒などの悪い遊びをするんじゃないか、それが発覚して試合に出られなくなってしまうのではないかと恐れ、そのため選手の行動を規制しがちですが、選手たちの行動に責任を持たせれば悪いことはしません。

高校野球の場合は、これは困った問題なんですが、許してもらえる範囲と思われる行為でも出場停止になることがあります。だから、どうしても厳しく指導せざるを得ないのはわかります。しかし、そうなると、出場停止があるから、行動を慎まなければいけないという理屈に流れて、行為よりも出場停止のほうが前面に出てしまう。つまり、出場停止を避けるためにだけ選手の行動を規制してしまうことになる。それは本末転倒で、要は、その行為が正しいか間違っているかだけなんです。正しいことならば何の問題もないし、出場停止があるから我慢しようなどというのはおかしな話で、また、そういう人間では、それこそ試合に出場する資格がないと言ってもいいでしょう。

高校生ともなれば、事の善悪を判断する能力が十分備わっているし、自分の行動に責任を持つことを教えてやれば、むやみに押さえつけなくても問題は起きないんです。

野球人たるもの、かっこいい人間であれ

した。

◎甲子園の青空に舞った制服のスコアラー

甲子園のグラウンドで、ユニフォームを着ていないひとりの選手が三度宙に舞いました。

二〇一一年（平成二十三）夏の甲子園大会です。決勝戦で青森の光星学院を破って勝利した選手たちは、私と三木有造《みきゆうぞう》部長を順に胴上げをしてくれたんですが、その三人目となったのが、スコアラーを務めた三年生選手の箱田一平《はこだいっぺい》でした。

箱田は試合のスコアをつける傍ら、スコアやビデオを参考に、対戦校のバッテリー配球などデータを分析してくれた、いわば優勝の陰の功労者なんですが、でも、最初からスコアラーだったわけではないんです。箱田は小学校の五年生頃から野球を始めた左投げのピッチャーで、いずれ優秀な選手になると将来を嘱望されて三高に来ました。

三高では、一年生の春から練習試合に登板するなどピッチャーとして順調にスタートを切ったんですが、その夏に異変が起きました。チームが甲子園に出場し、箱田に

左バッター対策のためのバッティングピッチャーをさせたんですが、どういうわけかまったくコントロールが定まらない。投球フォームがバラバラで、ボールがバッターの顔に当たりそうになったり、キャッチャーミットのずいぶん前でワンバウンドしたりする暴投ばかりで、とても練習にならなかったんです。

聞くと、「先輩にボールが当たってケガをさせてはいけないと思ったら、腕がちぢこまって振れなくなった」と言う。甲子園の大事な試合の前に、上級生の選手にボールをぶつけて負傷させてしまうのではないかという不安感からコントロールが利《き》かなくなってしまったようなんです。

その日から野球に対して暗い気持ちになってしまったそうですが、それでも、ひとりでネットに向かって投げ続けたんです。冬の強化合宿でも、絶対に練習の手は抜かなかった。

朝の十二分間走では三千メートル以上を走り、一度もトップの座を譲りませんでした。

二〇一〇年（平成二十二）の春の選抜の出場前に行ったチーム内の紅白練習試合のときです。箱田は久しぶりにマウンドに立ちました。そのとき、得意のストレートにこだわっていた箱田に横尾が、ストレートよりカーブのほうがキレがよく制球力もあるから、カーブを中心にピッチングを組み立てたらどうかとアドバイスしたんです。すると、横尾のアドバイスが見事に効いて、三振はなかったんですが打たせて取るいいピッチングをしてくれて。箱田の紅組も試合に勝って、彼にとってもチームにとっても充実した練習になりました。

この練習試合でかなり復調の気配を見せたんですが、やはりまだ不安定なところがあって、箱田には申し訳なかったけどメンバーからはずすことにしたんです。

メンバーから洩《も》れた箱田は、頭を切り替えたんですね。「ほかの選手ができないことをやる」とスコアラーになることを申し出てきたんです。そして、スコアラーになると、夜遅くまで対戦校のデータ分析をして、それに練習ではバッティングピッチャーまで務めました。悔しい思いもあったでしょうが、本当によくやってくれました。

そんなひたむきな姿を私はずっと見てきたし、選手たちも見てきたんですね。横尾が「チームを引っ張ってきた選手のひとり」と言っていました。決勝のあとの胴上げは始めから決めていたわけじゃないんです。選手の誰もが納得する自然な流れだったんです。

胴上げしてもらった箱田は、「宙に浮かんで見た甲子園の空は美しかった」と興奮冷めやらぬ表情を浮かべていましたが、背筋をピンと伸ばして、誇らしげな顔で校歌をうたっていた彼は、ほれぼれするほど実にかっこよかったです。

◎三高野球部・熱血女子マネージャー第一号

野球の名門校や強豪校といわれる高校では、女子マネージャーはほとんどいないようですが、三高が強豪校かどうかはともかく三高も長い間そうでした。その女子マネージャーを最初に採用したのは二〇〇八年（平成二十）。原綾菜《はらあやな》という女生徒で、彼女は情熱あふれる頑張り屋で素晴らしいマネージャーでした。〝かっこいい〟というのは、彼女のことを言うんでしょう。

原との初対面は、入学試験の二次試験で面接官をしていたときでした。同じ場所で面接官がいくつかポイントをつくって何人かの受験生の面接をするんですが、私は原の担当で、彼女に一次試験の出来具合などを尋ねていると、野球が大好きで野球部のマネージャーになりたいと言うんです。

すると、彼女の話が聞こえたんでしょうね。隣にいた面接官の先生が、彼女に「その先生、野球部の監督さんだよ」と告げてしまった。返答に困りましたよ。それでも、二次試験なので枠が狭いし、たぶん受からないだろうと思って、「受かったらマネージャーで頑張ってね」と適当に答えておいたんです。ところが合格して入学してきたんです。

それからが大変でした。「受かったら頑張ってって言われたから来ました」「監督さん、私ダメですか」と教室や合宿所に、毎日のようにやって来る。創部の頃は男子校ということもあって、これまで女子がマネージャーを務めた例がないんです。だから採用するのは難しい。いつかあきらめるだろうと、「準備ができていないから、もうちょっと待ってくれ」などと言って、一年近く逃げ回っていたんです。

しかし、彼女はあきらめない。そして、その一年もの間、練習試合や大会など全部の試合に足を運び、スタンドで声を嗄《か》らしていたんです。そこまで応援してくれるならと、さすがに私も熱意に負けて折れました。あとで彼女から聞いた話によると、一年間頼み込んでダメだったら生徒会に入って野球部を応援するつもりだったそうです。だから、もう少し逃げていれば逃げ切れたんですが、彼女は「ほとんどストーカーでした」と笑っていました。三高初の女子マネージャーの誕生でした。

マネージャーに採用したとき、彼女との間にいくつかの約束をつくりました。ボールに当たると危険だからグラウンドに入ってはならない。選手は午後八時まで練習するが、その時間になる前に帰宅する。成績が落ちたらマネージャーをやめる、といったことでした。

こうして原の活動が始まったんですが、マネージャーの仕事でないところで大変な思いもしたようです。原がマネージャーになったことが知れると、インターネットで「あんた、ほんとにできるの?」「何であなたなの?」といった中傷の書き込みがガンガン来たんだそうです。これまでにも卒業した女生徒の中には、マネージャーをやりたいという子がたくさんいたんですが、私は女子は採らないと毎年言ってきた。だからもとはといえば私が悪いんですが、相当原は叩《たた》かれたらしい。学校でも、三年生から「私たちのときは許してもらえなかったのに、あなたは特別なのね」と、廊下などで冷たい視線を向けられたといいます。

また、甲子園に出たら出たで、学校の先生からもやっかみを受けて、可哀想《かわいそう》な目にあいました。マネージャーになった二年生の夏に甲子園に出たんですが、三高初の女子マネージャーということで、スタンドで新聞記者の人たちから取材を受けるわけです。すると、「原君、取材許可を担任の先生に取ったの?」と新聞記者に言うんじゃなくて彼女に聞く教師がいたというんです。「何をバカなことを」と笑ってしまうしかないお粗末な話で、罪のない彼女に私は謝るしかありませんでした。

そんなつらい思いをしながらも、めげずに彼女は頑張りました。マネージャーになりたくて私を一年間も追っかけ続けただけあって、パソコンに選手のデータを打ち込んでくれたり、練習試合のアナウンスをしてくれたり、あるいは強化合宿のトレーニングに使う音楽をかけてくれたりと、本当によくやってくれました。その情熱に満ちた活動の中で、いまも忘れられない彼女の姿があります。

練習中に校長から春の選抜出場校に決まったと伝えられたときです。選手たちは私を胴上げして喜んだんですが、そのとき、彼女はグラウンドに入ってはいけないという約束を守って、バックネット裏からうれし涙を流しながら、静かに選手たちを見守っていたんです。私は、このときだけはグラウンドに呼んで、一緒に喜びを分かち合ってもよかったのではないかとたいへん後悔したものです。

彼女の二年間の活動の中に、三高野球がもっとも大事にしている思いやりの心と絆《きずな》が、いっぱいつまっていました。

いま三高には三人の女子マネージャーがいますが、彼女たちも原に負けず劣らずたいへん頑張っています。

原や、その後に女子マネージャーになった先輩たちの話を聞いて、マネージャーの仕事に興味を持ち志願してきたのですが、原たちからつらい話や苦労したことを聞かされたと思います。それでも「頑張ります」「先輩には負けません」とマネージャーになったんです。

強い意志を持って志願してきただけあって、自分から積極的にどんどん意見を述べたりして自主的に活動してくれています。たとえば、掃除はモップの使い方をもっと工夫すれば一段と効率的できれいになるなどと改善策を出してくるんです。

やっぱり女の子ですね。男子と違って目が行き届くんです。

女子マネージャーの存在は、選手たちには新鮮であるらしく、モチベーションが上がるというんでしょうか、練習意欲にも良い影響を与えているようです。

私も彼女たちの活動にずいぶんと助けられており、豊かな心に富んだ三高ならではの女子マネージャーの形が育《はぐく》まれていけばと思っています。

◎「かっこよさ」は人間性の成長から生まれる

甲子園で活躍した球児を紹介する「輝け　甲子園の星」（日刊スポーツ出版社）という雑誌があります。その雑誌で人気投票をすると、顔がソフトなイケメンふうの選手が「かっこいい選手」として上位にランクされます。

そこに、畔上が人気上位に入っていたんです。畔上はいわゆるイケメンではなく、どちらかというといかつい感じの男です。だから、ちょっと驚いたんですが、彼の持っている雰囲気なんでしょう。美男子が持っている魅力とは違う、何か感じるものがあって、その「何か」が評価されたんだと思います。

それは内から滲《にじ》み出るかっこよさというんでしょうか。私は選手たちに常々、「野球人たるもの、かっこいい男であれ」と言ってるんですが、かっこよさというのは、裏表のない正直な人間で、どこから見てもそのまま身体《からだ》に表れる品性みたいものだと思うんです。

それはどこから表れてくるかというと、自分に正直で、いい加減な生活を送らない。練習ではしっかりと力を出し切って一生懸命やる。そういう中で自然と表れてくるんじゃないかと選手たちに説いています。

必ず誰かが見てくれているということで言えば、かっこよさは他人を意識してやるのではなく、自分でしっかりやっていればそう見えてくるんです。自分に自信を持って、相手を思いやりながら何事にも全力を尽くす。それがかっこよさにつながってくる。人間味がそのまま出てかっこよくなるんです。

芸能人のかっこよさ、たとえばイケメンのキムタクや福山雅治《ふくやままさはる》は確かにかっこいいんですが、甲子園で一生懸命プレーしている選手は誰が見てもかっこいい。グラウンドで熱い汗を流している彼らには、キムタクや福山のかっこよさとは違う、もっと本質的なかっこよさがある。野球人として人間味が滲み出てくる顔というか、みんなが応援したくなる真摯《しんし》な姿。それがかっこよさというのではないかと思うんです。

実際、甲子園で勝ち続けているときなどは、選手たちの顔つきが精悍《せいかん》になってかっこよくなります。大勢の人に見られているという中で、責任も重く感じてくるんでしょう、大人になってきます。

好きな野球をやる楽しさによって、かっこよさが出てくるというだけでなく、甲子園という全国から注目される場にいることで自然と使命感が生まれ、さらにかっこよくなっていく。自分に対する厳しさも出て、顔も生気あふれるいい表情になる。試合に勝てば、自分に自信を持つようになり、もっといい野球をやろうというバイタリティが生まれる。

つまり、人間が大きくなって、ますますかっこよくなっていくわけで、その意味では、甲子園は選手を成長させ、かっこいい人間をつくる格好の場なんです。

あとがきにかえて～編集部より

本書は、日大三高野球部を率いて夏の甲子園で二回の全国制覇を成し遂げた小倉全由《おぐらまさよし》監督を数回にわたってインタビュー、および野球部の練習や寮生活の一部を取材させていただいた上で、監督の「言葉」として再構成したものである。

本書をお読みいただければおわかりのとおり、インタビューにおいて語られる監督の野球論は単なる野球論を超えて、教育論・人生論ともいうべき、熱く、深みのある内容であった。

しかし、その「言葉」以上に、監督のすごみが伝わってきたのは、グラウンドでの練習風景を見せていただいたときであった。

私語は一切ない。といってそれは押し付けのものではなく、選手たちの集中力のなせる結果のそれであった。

監督の指導は時に優しく、時に論理的に、そして時に厳しく、選手たちは一瞬たりとも気を抜けない――いや、抜かないといったほうが適切だろう――ものだが、その練習を通じて選手たちはお互いを叱咤《しった》激励しつつ高めていくのである。これこそ、まさに監督の求めている「自分から目標に向かって進む」、「練習は嘘《うそ》をつかない」姿勢であり、人間教育なのであり、「百聞は一見にしかず」を地で行くような練習の濃さに、監督の考えが具現化されているのだと実感できた瞬間であった。

だから、ほんとうは言葉ではなく、練習を目にしていただくのが一番であり、書籍という制約の中で監督の考えを百パーセントお伝えすることができるかといえば、そこにはどうしても伝えきれないものがある可能性は否定できない。

編集部としては、もちろん、最大限に監督の考え方や、指導に込めた気持ちを文章にしたつもりであるが、もし、本書において関係者に誤解を招くような表現があったとしたら、それはみな、私たち取材チームの至らなさによるものであり、責任である。

本書の内容が、野球部関係者にとどまらず、子を持つ親、教育関係者にとって、そして人間関係のあらゆる面において、道を示してくれる何かを伝えてくれることを願ってやまない。

本書は二〇一二年三月に弊社より刊行されたものに加筆、文庫化した。

お前《まえ》ならできる

二〇一五年七月三〇日　第一刷発行

著　者　小《お》倉《ぐら》全《まさ》由《よし》
発行者　中村　誠
印刷所　誠宏印刷株式会社
製本所　大口製本印刷株式会社
発行所　株式会社日本文芸社
〒一〇一-八四〇七　東京都千代田区神田神保町一-七
電話　〇三-三二九四-八九三一（営業）　〇三-三二九四-八九二〇（編集）
URL http://www.nihonbungeisha.co.jp/

ISBN978-4-537-06019-5
112150714-112150714 Ⓝ01
編集担当・村松